増補改訂版
スマホ時代の哲学

「常時接続の世界」で
失われた孤独をめぐる冒険

谷川 嘉浩

ディスカヴァー
携書
261

はじめに

「君たちは自分を忘れて、自分自身から逃げようとしている」

フリードリヒ・ニーチェという哲学者がいます。ドイツ語で本を書きましたが、たくさん解説書が出ていて、何度も著作が訳し直されている人気の哲学者です。名言集が何冊も出ていて、小説や漫画にもしばしば登場する有名人。

そのニーチェの書いた『ツァラトゥストラ』という本には、寸鉄人を刺すフレーズが出てきます。

君たちにとっても、生きることは激務であり、不安だから、君たちは生きることにうんざりしているんじゃないか？〔…〕君たちはみんな激務が好きだ。速いことや新しいことや見慣れないことが好きだ。――君たちは自分に耐えることが下手だ。なんとかして、君たちは自分を忘れて、自分自身から逃げようとしている。[*1]

スケジュール帳が空白だと自分が無価値に感じられるから必死で埋め、偉くなった感じがするから目先の業績を積み上げる。がむしゃらに働き、目新しい刺激を次々に追い求める。生きることをこうして「激務」で取り囲もうとするのは、生きることの不安から逃れようとしていることの証左ではないか、というわけです。

忙しく働いていることを誇らしく思う人は、読者の中にも少なくないでしょうし、休日にたくさんのイベントがあることを、生活の充実だと考える人がいるかもしれません。そういう人にとって、ニーチェの指摘は他人事ではないはずです。

忙しく予定を詰めて目先のことに気をつかい、誰かと過ごすことにだけ時間を使って、「自分を忘れて」しまう人は、何かのきっかけで、燃え尽き症候群（バーンアウト）に陥ったり、鬱病や適応障害になったりしてしまうかもしれません。あるいは、「自分は結局一人なんじゃないか」と不安に襲われたり、「誰か私と一緒にいてほしい！」とSNSを忙しく更新したり、誰かにメッセージを送ったりすることもあるでしょう。

さらに印象的なのは、このことが「自分に耐えることが下手」「自分を忘れる」「自分自身から逃げる」といった言葉で表現されていることです。私たち現代人は、生きることの不安を直視したり、それとうまく付き合ったりすることが、どうしようもなく下手だとニーチェは考えていました。哲学に惹かれる人は、多かれ少なかれ、こうした「生きることの不器用さ」に心当たりのある人だと思います。

日々を忙しくしてしまう、働く人のかたわらにある哲学は、不安に寄り添うものであっていいと思いますし、この本もそのようなつもりで書いています。ただ、あまり悲観的で深刻なトーンで語るつもりはありません。でも、安全でたわいないことを言うわけでもなく、蜂に刺されるような内容が含まれているはずです。

この本の文字の連なりが、蜂のように刺す鋭さであなたの心に残り、不安と忙しさで硬くなってしまった肩の力を抜く手助けになればいいと思っています。

哲学を学びたいという声

Googleなどのグローバル企業が哲学者を雇用している。新規事業や新技術に乗り出すときに企業が哲学者や倫理学者を参加させている。インハウス・フィロソファー（企業内哲学者）や最高倫理責任者（CEO）を置いている企業がある。こういうニュースを聞いたことがあるかもしれません。

あるいは、データ解析で知られる企業パランティアの経営責任者であるアレックス・カープは、博士論文まで書き上げた哲学者だとか、PayPal創業者の一人で投資家のピーター・ティールもまた哲学に通じた人物だとか、そういうエピソードはネット記事などで語り草になっています。

申し遅れましたが、私は職業哲学者の谷川嘉浩です。華々しい話はさておき、私自身、「哲学を学びたい」という声を企業勤めの方や経営者の方から聞いたり、企業から「うちの会社には哲学が必要だ」「結局、思考や創造性が一番大事だと思う」「哲学者と協働してみたい」といった声をもらうことも珍しくなくなってきました。ビジネス誌の類で哲学の特集が組まれて驚く人は、もはやいないでしょう。実際に、企業からヒアリングを受けたり、コンサルティングや調査を引き受けたり、研修を提供したり、コーチングのようなことをしたりすることもあります。

そうした縁の一つが結実して、株式会社インフォマートのウェブメディアLess is Moreでインタビューを受けました。その内容は、「常時接続で失われた孤独。あるいは『長い思考力』。哲学者・谷川嘉浩氏インタビュー。」というタイトルでまとめられ、2020年7月に公開されました。[*2]

この種の記事にしては珍しく、たくさんの人に読まれただけでなく、一瞬話題になって終わりにもならず、長く読み継がれていました。この本を書くきっかけをくれたのは、そうした読者の一人だった編集者の橋本莉奈さんです。記事公開から一年ほど経ってのことだったと思います。「インタビューには、哲学を学びたいと思う人の手がかりがあるように感じた」というような趣旨の連絡でした。

雨瀬シオリ『ここは今から倫理です。』(集英社)という哲学を主題にした漫画まであって、これはNHKでドラマ化されたくらい人気です(主演は山田裕貴さんでした)。このドラマに限らず、「ロンリのちから」「100分de名著」「ロッチと子羊」「世界の哲学者に人生相談」

「欲望の資本主義」など、ＮＨＫには哲学系の番組が時折ありますね。単なるブームというより、哲学を学びたいという声があちこちに根づいてきた結果でしょう。前述のインタビューも、この本の執筆も、そうした声に促される形で出てきたものだと思います。

哲学という「未知の大地」の観光案内

一般向け、あるいはビジネスパーソン向けの哲学入門書は、すでに相当数出ています。でも、何か語ると、それでは掬《すく》い取れないことのほうが気になる天邪鬼《あまのじゃく》な人間としては、「すごい哲学者のすごいことを教えるすごい人やで」みたいなトーンで、堂々と哲学のセールスをすることに躊躇《ためら》いを感じます。

読んだことある人はわかると思うんですが、割とそんな感じなんですよ、ほんまに。もちろん、すでに出された本たちの価値や魅力は実際に読んで知っていますが、私自身がその並びに同じトーンの本を一冊増やしたいとは思えませんでした。

「どうしたものか……」と考えていたときに思い出したのが、「テラ・インコグニタ」という言葉です。かつてのヨーロッパの地図には、あまりよく知られていない未開の地に「テラ・インコグニタ」と書かれていました。「未知の大地」という意味です。ただし、ヨーロッパ目線で「未知」という話なので、その土地には誰かが住んでいることもあります。

多くの人にとって、哲学のようなごっつそうな学問に接するのは、テラ・インコグニタに入り込むようなものでしょう。一歩踏み出すのもおっかなびっくりだったり、少し踏み出したものの、「なんとなく怖いな」と思って引き返したりする人も多いはずです。

そういうときに必要なのは、「すごいやろ」「使えるやろ」「見てってや」というセールスではなくて、「この辺りがおすすめ」「ここところを見るといいですよ」と伝えながら、「この背景にはこういう歴史があって」「こんな魅力があるんです」「現地の人はこの辺りをこんな風に思っていますよ」などと教えてくれるような、ささやかな観光案内ではないでしょうか。

何しろ私は、哲学という未知の大地に住んでいる側の人であり、一般向けに話したり、ヒアリングを受けたりすることも多いので、旅行者がどんなものを面白がりそうかについては、それなりに心当たりがあります。ついでに言えば、私は哲学者であると同時に、哲学に比べると業績は少ないですが、観光研究の業績も少しあります。

この本は、こういう意図を持った観光案内です。だから、ここに書かれた言葉をモノローグ（私の独り言）ではなく、すぐ隣を歩いている観光ガイドから、あなたへの語りかけとして聞き、読書をダイアローグ（対話）に変換してほしいのです。

本をモノローグにしないために必要なのは、自動販売機で飲み物を買うときのように読まないことです。お金を入れてスイッチを押せば残りのすべてを自動的に処理してくれるというように、「哲学しおおせる」ことはできません。簡単に「わかった」と思考停止せずに済むように、しばらくしたら「ちょっと待って」と考えを揺り戻すようなことも口にします。さっと体得できる程度のことは、SNSに任せて、読書では時間をかけて理解を深めることを楽しみたいものです。

読書を本当の観光にするためには、実際に足を動かしてもらわないといけません。この本の内容を単に「情報」として受け取るのではなく、「経験」に変えてもらう必要があるのです。情報を経験に変えるのは、読者の仕事です。私にできるのは、そうする価値があると私が信じるテラ・インコグニタの見所を案内するところまでです。読書は、そういう共同作業です。

そうするためのフックとして、蜂のように刺す言葉やテーマを本書では選びました。冒頭に挙げたニーチェの言葉が、そのとっかかりになっているわけですね。辞書をいくつか開いてみると「寸鉄人を刺す」の類語として、「揺さぶる」「動揺させる」「乱す」という表現が出てきます。非日常にふれる観光という体験は、それが最良のものであるなら、自己に働きかけ、揺さぶり、心かき乱すものでありうるはずです。[*3] 本書を読んでいて、そういう感覚になったらその動揺を手放さずに、本書との対話のきっかけに変えてもらいたいと思っています。

人は人生のどこかで必ず立ち止まる

もう一点、大切なことを言っておきます。この本は、万人向けではありません。それは哲学が、どんなタイミングでも、誰にとっても「必要」とされるものではないという性質を持つからです。人生や社会が順調に思われるまさにその瞬間に、哲学が必要だなどと感じる人は多くないでしょう。

でも、人は、人生のどこかで立ち止まることが必ずあります。私の人生は何だったんだろうか、何のために働いてきたんだろうか、私は誰にも理解されないんじゃないか、私には何の価値もないんじゃないか。そういう無数の疑問に憑《つ》かれて離れられない、躓《つまず》きの時間のことを念頭に置いています。生きていく上で、行き詰まり、動けなくなることは、たぶん避けられません。

「私は一度も立ち止まったことはない」という人もいるかもしれません。しかし、そういう人はとても運がよかったか、あるいは、あなたの負担を肩代わりし、支えてくれる誰かや何かがあったのだと思います。

「働くこと」一つとっても、自分では順調だと思っていても、会社から予期せぬ出向を命じられたり、親の介護が始まったり、仕事と恋愛や子育てとの両立が難しくなったり、倒産したり、急に病気や事故にあったりすることだってあります。そのとき、新たなやり方や考え方はないかと思い悩み、動揺しながら学び、どこにたどり着くかもわからないまま、頭を働かせるはずです。

順風満帆に見える人でも、いろいろな悩みがあるかもしれません。「あんなことを言ってしまうなんて、私はもう消えてしまいたい」「誰にも理解されない、誰にも話せない」「こんなに稼いでいても、どうにも虚しい」「退職後に何をすればいいかわからない」「こんな毎日を何十年も繰り返すのは嫌だ」「仕事もプライベートもうまくいっているはずなのに、眠れない夜ばかり過ごしている」「取り返しのつかない過去がある」。そんなとき、この状況を説明し、打開してくれる視点や考えを求めて、ぐるぐる考えてしまう渦の中に落ち込んでしまうことは避けがたいはずです。憂鬱《ゆううつ》に落ち込んだとき、なんとなくやり過ごすには、夜はあまりに長く、人生はあまりに灰色です。

あるとき急に涙が止まらなくなって、自分はどうしようもなく傷ついていたんだと知ることもあれば、自分は強いと思っていたのに急にベッドから動けなくなることがあるかもしれません。まっすぐ家に帰ること、ただ息を吸って吐くこと、部活や学校、あるいは会社や友人の集まりに顔を出すことが、途端に難しく感じることがあるかもしれません。こういう行き詰まりを抱えたとき、哲学は支えになりえます。

今病院に行く必要がなくても、医者はいたほうがいい

哲学の働きについて考えるために、古代ローマの哲学者であるエピクテトスの発言を見

に行きましょう。エピクテトスは私が好きな哲学者の一人なのですが、元奴隷という大変な経歴の持ち主です。彼はこう言っています。

ねえ君たち、哲学の学校は治療するところだ。〔…〕つまり、健康な状態で〔哲学の学校に〕やって来るわけではなく、ある人は肩を脱臼して、ある人は腫れものができて、ある人は瘻管《ろうかん》ができて、ある人は頭痛がするのでやってくるわけだ。*4

こういう何かトラブル（病気や怪我）を抱えたとき、人はそれを治療するために哲学を学ぶのだとエピクテトスは言っています。

一生何の病気も怪我もなく生きおおせることが望みがたい以上、今この瞬間に必要性を感じていなくても、「治療するところ」は必要です。医学のメタファーが魅力的なのは、たとえ今この瞬間に哲学の必要性が実感されていなくても、私たちには哲学が必要だということを教えてくれるからです。

エピクテトスは先の言葉に続けて、こんな趣旨のことを言っています。「君がちょっとした言葉を語ったときに、私が「いいね」と言うために、君は哲学を学んでいるのか。ソクラテスやゼノンといった哲学者がやっていたのは、そんなことだったのか」。[*5] 聞き手に心地いい承認を与え、耳に心地いいだけの言葉を提示するのが哲学の役割ではなく、自分を変えていく体験をするきっかけを与えることが哲学の役割なのだとエピクテトスは言っているのです。

私の大好きな『違国日記』（祥伝社）という漫画に、少女小説を書いている作家が出てくるのですが、彼女は「言葉を書くときに何を考えているのか」と聞かれて、「死ぬ気で、殺す気で、書く」と答えています。[*6] エピクテトスの言おうとしていることも、たぶんそんな感じです。安全で微温的なことを語り合いたいわけでもなかったはずだし、毛繕いしてじゃれあうために集まっているわけでもなかったはずだ、と。これは弟子を非難する言葉というより、「自分の言葉を研ぎ澄ませながら、緊張感のあるやりとりもできる関係でいたい」と激励し、勇気づける言葉だと思います。

哲学という「未知の大地」を歩くことは、空調も管理された、虫一つ出てこない安全で舗装された予想通りの道を歩くということではないと考えている点で、本書は、エピクテトスの言葉に倣っています。

困ったときのために、哲学をそばに置いておく

哲学を医学に喩《たと》える視点は、他にもいろいろなことを教えてくれます。例えば、医者があなたに「普段から運動しなさい」という助言をするとします。患者であるあなたはこの言葉を素直に聞くでしょうか。さしあたり問題なく日々を過ごせているとすれば、「なるほど、わかりました」「大事ですよね、運動」などと口では同意しながらも、行動を変えようとしない人も多いはずです（例えば私がそうです）。ひとまず今の自分で問題ないと思っている人に、医者の言葉は届きません。

「今私は問題ないし、やり方を変える必要もない、私自身にも、私の会社や家庭にも変えるべきところ、見直すべきところはない」という考えを持つ人がこの本を読んでも、きっと何も得られないに違いありません。今の自分や自分の周りには変えるべきところがないと思う人には、どんな言葉も届かないからです。

それでもやはり、どんな人の生活にも立ち止まる瞬間はあるし、今の自分に問題はなくても、大切な人が傷ついてうずくまってしまうこともあるでしょう。そのときのために、

とりあえず哲学にふれてみる、というのはアリです。

しかし、ただふれるだけでその経験を忘れずにいられるほど、人間は器用ではありません。日々スマホやその他のデバイスでいろいろな娯楽や情報にさらされている中で、哲学にふれた経験が、記憶の彼方にうずもれてしまうのがありうるオチです。そうならないために、つまり、まさかのタイミングにちゃんと思い出せるように何ができるでしょうか。

それは、哲学をそばに置いておくことです。具体的には、本棚辺りに取っておくというやり方です。本って繰り返し使えるし、転ばぬ先の杖としての役割を果たしうるなら、お手頃だと思うんですよね。様々な人の暮らしを体験できる漫画や小説と隣り合わせに、哲学の本を何冊か置いてみてください。

哲学は2500年続くヒットコンテンツ

人類は、世界や自分をいろいろな仕方で捉えようとする理論や実践を「哲学」と呼んできました。「哲学」の名の下に、世界のいろいろな捉え方や実践のノウハウが蓄積されています。そうした知見を活用しながら、世界を見るときの態度を育てていく手伝いをするのが本書の役割ですが、たった一冊だと、その「さわり」を感じてもらうことくらいしかできません。

哲学のはじまりをどこに求めるか次第ですが、古代ギリシアのソクラテス辺りからだとすると、大体2500年くらい続いています。ほんとはもっと長く見たほうがいいくらいです。なので、たった一冊の本にできることは、この分厚い歴史に比べれば、本当に些細なものです。

でも、すごいですよね。そんな遥か昔に、ギリシアの一地方で誰かが語ったことが、ずっと語り継がれ、誰かに読み継がれていて、巡り巡って現代日本に生きる人の心を揺らし、哲学のフォロワーを作っている。片田舎で高校時代を過ごしていた私は、「倫理」の授業でソクラテスやプラトンのことを知ったとき、2500年もの間、次の人へ次の人へと言葉を受け渡し続けたからこそ、今も彼らのことを学ぶことができるという事実に震えました。ソクラテスかっこよすぎるし、プラトンすごすぎでは。

当時感じたことのニュアンスをわかりやすく伝えるなら、こうして時代や地域を貫いて、その言葉に立ち返り、解釈したくなる人がいることの豊かさに衝撃を受けたということかもしれません。そして、私のように感じた人がいろいろな地域に、いろいろな時代に数えきれないほどいたということです。この祈りのような時間の積み重なり。

2024年にNHKでアニメ化を果たし、2025年2月時点で累計発行部数が500万部を突破した『チ。―地球の運動について―』(小学館)の作者である魚豊さんが、ラジオにゲスト出演していたとき、高校時代に倫理の授業で受けた衝撃について語っていました。[*7] 私と同じような内容だったので、よくある感覚なのかもしれません。

「哲学なんて何の役に立つねん」「私には何の関係もない」と思う人は多いでしょうし、これまでの歴史の中にもそういう人はいたはずです。けれども、そんな声などものともせず、どんな老舗企業よりも長く、大学が存在するよりも遥か前から、哲学というコンテンツは変わらずヒットを飛ばし続け、ざっと2500年ほど受け継がれてきました。きっとこれからもそうでしょう。

数千年にわたって、あらゆる分野の天才たちが「哲学」に惹きつけられ、この土地に立ち寄ってきました。哲学という場所には、休日を割いて出かけ、じっくり時間をすごすだけの見所があります。この「哲学」という場所の魅力、というか魔力に、少し騙されてみてください。どんな観光も、土地に魔法をかけられてから始まるものなので。

＊1　フリードリヒ・ニーチェ（丘沢静也訳）『ツァラトゥストラ 上巻』光文社古典新訳文庫、2010、90頁。引用にあたっては、一部表記を修正していることがあります。引用文の直後には、こうあります。「もっと人生を信じているなら、瞬間に身をゆだねることが少なくなるだろう。だが、君たちには中身がないので待つことができない——怠けることさえできない！」（同前、90頁）。まるでスマホでインスタントな刺激を忙しく追いかける現代人の描写のようです。ちなみに、森一郎さんによる新訳『ツァラトゥストラはこう言った』（講談社学術文庫、2023）が刊行されました。引用文は同じですが、少し印象が違うかもしれません。「そして、がむしゃらに働き、せわしない人生を送っている君たちよ。君たちも人生に倦み疲れているのではないか。〔…〕君たちはみながむしゃらに働くのが好きだし、速くて、新しくて、見慣れぬものを好む。——君たちは、自分に我慢できない。君たちの勤勉とは逃避であり、自分自身を忘れてしまおうとする意志なのだ。」（同前、77頁）

＊2　2年後に同じ Less is More. で「プラグマティズムと非合理な情熱。学びの果ての衝動。哲学者・谷川嘉浩氏インタビュー。」というインタビューを受けています。いずれもウェブで読めます。

＊3　こうした観光体験の特徴については、以下の論文でふれています。「コンテンツ・ツーリズムから《聖地巡礼的なもの》へ：コンテンツの二次的消費のための新しいカテゴリ」『フィルカル』3（2）、2018、140-174頁、および、「デジタルゲームから考えるコンテンツツーリズムの教育性：記憶の参照、積層する記憶、確認とズレ」『コンテンツ文化史研究』13巻、2022、26-47頁

＊4　エピクテトス（國方栄二訳）『人生談義 下巻』岩波文庫、2021、145-146頁 引用に出てくる「瘻管」は、体内の膿が押し出され、体組織に穴が開いてしまうことのようです。ちなみに、哲学と医術・医学の関係については、福嶋亮大『感染症としての文学と哲学』（光文社新書、2022）が魅力的な紹介をしてくれています。

＊5　エピクテトス『人生談義　下巻』146頁の言葉をもとにしています。ゼノンはソクラテスと同じく、古代ギリシアの哲学者です。

＊6　ヤマシタトモコ『違国日記　6巻』、祥伝社、2020、第26話のエピソード。このセリフの直後に、言葉を必死で学び取り、使おうとするのがいいという助言が続き、ドゥニ・ヴィルヌーヴ監督の映画『メッセージ』への言及がなされています。引用された映画の内容も含めて、「他者を住まわせる」という本書の議論に通じるシーンだと言えます。

＊7　TBSラジオ「荻上チキ・Session」2021年10月12日、19日に出演しています。Spotify などで聴くことができます。『チ。』については、『公式トリビュートブック「チ。―地球の運動について―」第Q集』（小学館、2024）に収録された私の論考「『チ。』は真理の物語というより、歴史と感性をめぐる物語である」、東本願寺出版の雑誌『同朋』2025年3月号に収録された魚豊さんと私の対談「陰謀論の快楽、フィクション・歴史・恋の熱。」も参照のこと。

※本書は2022年に弊社より刊行された『スマホ時代の哲学　失われた孤独をめぐる冒険』を改題し携書化しました。内容は刊行当時のものに一部加筆・編集しています。

目次

第2章

自分の頭で考えないための哲学
——天才たちの問題解決を踏まえて考える力

第3章

常時接続で失われた〈孤独〉
――スマホ時代の哲学

第4章

孤独と趣味のつくりかた
――ネガティヴ・ケイパビリティがもたらす対話

第5章

ハイテンションと多忙で退屈を忘れようとする社会

第6章

快楽的なダルさの裂け目から見える退屈は、自分を変えるシグナル

購入者限定特典　スマホ時代を考えるためのブックガイド

著者セレクトの増補改訂版限定ブックガイドをこちらから
ダウンロードいただけます。ぜひご活用ください。
ID：discover3142　パスワード：smartphone
URL：https://d21.co.jp/formitem/

第1章

迷うためのフィールドガイド、あるいはゾンビ映画で死なない生き方

不安とうまく付き合うのがどうしようもなく下手な私たちは、激務に没頭することで、自分自身から逃げている。そうニーチェは指摘した。ニーチェの没後100年以上経っているが、今の私たちにも耳が痛い指摘だ。

本章では、私たちがいかに自己逃避していて、いかに「迷子」になっているのかを、スマホ時代の社会状況を踏まえながら探っていく。日々の生活に追われる中で、どんな価値を手放しているのか。それに対処すべく何を暮らしに取り入れるべきなのだろうか。

現代社会を生きる私たちはまるで「ゾンビ映画ですぐ死ぬやつ」みたいだ。

社会と自分を問い直す冒険に出かけた末に行き当たるのは、フィールドで迷うことの肯定だ。

ごちゃごちゃ集まって、（人の話も聞かずに）がちゃがちゃ話す社会

「なんとかして、君たちは自分を忘れて、自分自身から逃げようとしている」とニーチェは言いました。ここで彼が批判している、私たちの「自己逃避っぷり」を知ることから始めましょう。私たちの自分からの逃げ足はなかなかのものですが、それについて詳しく知るには、オルテガ・イ・ガセットという哲学者を訪ねるのがいいと思います。

彼はスペインの哲学者です。珍しいですよね、哲学とスペインの組み合わせ。注目したいのは、彼の『大衆の反逆』という本です。現代社会を分析するにあたって都市を取り上げたオルテガは、明らかな事実に目を向けることから始めています。

都市は人で満ち、家々は借主で満ち、ホテルは宿泊客で満ち、列車は旅行者で満ち、カフェは客で満ち、公園は散歩者で満ちている。有名な医者の待合室は患者であふれ、劇場は観客であふれ、ビーチは海水浴客であふれている。かつては一般に問題になら

なかったことが、今では日常的に問題になり始めている。何かというと、空いた場所を見つけることだ。*8

——

とにかく、ごちゃごちゃと人が多い。都市を一言で特徴づけるなら、この人の多さを置いてほかにないとオルテガは考えました。しかも、多様な背景や属性を持った人が集まっているにもかかわらず、そんな多様性なんてなかったみたいに、同じ場所にみなが殺到しているのです。

リモートワークの普及で、あるいは、地方移住者の増加で事情が変わったと思われるかもしれません。しかし、「話題に居合わせること」へのこだわりだと理解すれば、オルテガの議論は変わらず有効です。みんなが注目しているニュースやコンテンツに群がったり、みんなが話題にするゴシップに一応目を通しておいたりするさまを思い出すといいでしょう。このように、対面であれネット上であれ、「ごちゃごちゃと人が集まり群がっている」ということが、私たちの社会の基本的な特徴の一つだというのは確かです。

この観察に重ねる形で、彼はもう一つ重要な指摘をしているんですが、こっちが面白いんですよ。ひとまず読んでみましょう。

> ところが今日、現代人は世界で起こるすべてのこと、あるいは起こるはずのすべてのことについて、非常に厳格な「考え」を持っている。必要なものはすべて自分の中に持っているのだとすれば、どうして人に耳を傾けるべきなのだろうか。今や聞く理由はないどころか、判断し、宣言し、決めつける理由がある。[*9]

人が集まって何をやっているかというと、オルテガ曰く、他人の話も聞かずにとにかく自分の考えを自信満々でしゃべりまくっている。ごちゃごちゃ人が集まって、他人の話も聞かずに自分の考えをがちゃがちゃ話す。自分に関係しない問題はないとばかりに何にでも「意見」を持ち、コメントする。人々が話題にしない問題は、その人にとって存在しないも同然の扱いを受けます。オルテガの目には、私たちの生きる社会がこのように見えていました。

ソーシャルメディアの風景とか、カフェでの会話とか、繁華街での人の姿を思い出すと、「確かにそうかもしれない」ってなりますよね。みんな自分のことばかり考えているし、自分に都合のいい世界であればいいと思うし、自己発信やセルフイメージばかり気にしているし、自分の考えは疑わないし、フェイクやデマを平気で信じるし、専門家にも自信満々にリプライ飛ばすし、疑似科学を信じた人が謎理論に則って「これだから情弱は」とか言って科学者を馬鹿にするし……。まるで私たちは、他人や世界に対する興味を失っているかのようです。

でも、オルテガの議論の周到さがわかるのはここからです。オルテガについて紹介すると、何歳のどんな人であっても、「わかるわかる」「あー、こういう人おるよな」という調子の反応が返ってきます。学生でも、会社員でも、フリーランスでも、経営者でも、高齢者でも同じです。この期待を裏切ってくれた人は今のところいません。「あーおるおる、そういう人って面の皮厚すぎよな」などと思った人は、自分がオルテガの批判した現代人の姿そのものだということに気づいてはいません。つまり、オルテガの言葉を他人事として読むことで、彼の批判した通り、自分の中にある「正解」に基づいて、どんなことでも自分が判断し、宣言し、決めつけられるという姿勢で生きてしまっているわけですね。そして、彼が避けたいと願ったのは、まさにそのことなのです。

現代人は自己完結している

現代人は、ごちゃごちゃと集まって、自分の中ですべての考えを完結させ、人の話も聞かずに、がちゃがちゃしゃべりまくっている。ちょっと深そうな話を聞くと、それを即座に取り入れて、それに基づいて何事も判断し、宣言し、決めつけることができると思ってしまう。すべては「おしゃべり」のネタにすぎないもので、自分自身がどうかなどは棚上げされています。こういう現代人の姿勢に違和感を持ったのだとすれば、その代替案としてオルテガはどのような立場を提示したのでしょうか。

ヒントになるのが次の一節です。印象深いメタファーなので、よく眺めてください。

ありとあらゆるものに対して真摯な態度をとり、可能な限り責任をとろうとする人はみな、ある種の不安を感じるはずだが、かえってそれゆえに警戒を怠らないようになる。ローマ帝国の軍務規定には、歩哨《ほしょう》が眠気を避け常に警戒するために人差し指を唇に当てておくべしとの一項がある。これは悪い姿勢ではない。それは未来のひそや

かな兆しを聞き取れるように、夜のしじまに一層の沈黙を強いる身振りのように思われる[*10]。

夜警が寝ないために人差し指を顔の前に立てておくというのは、たぶん、寝るとカクンってなって顔に指が刺さって起きるという話ですね。それが、シーッと自らに言い聞かせるような身振りと重なっているように見える。この二つのイメージをオーバーラップさせながら、オルテガは、〈沈黙〉〈警戒〉〈聞く〉といったモチーフを肯定的に評価しているわけですね。

「なるほど、なるほど、たまには黙って人の話を注意深く聞けってことか」などと早合点するなかれ。文脈を踏まえた上で言葉を理解することができなければ、オルテガの想像力には迫ることができません。オルテガはそんなことを言っていないのです。

そもそも、〈沈黙〉〈警戒〉〈聞く〉といったモチーフが何と対比されているかというと、多様な人々が集まっているはずの都市において、みんなが注目している流行や話題を追いかけて、大して観察や注意も払わずに自分の手持ちの考えや力で物事を平気で判断し、決めつけ、宣言して構わないという生き方でした。オルテガは、自己完結している現代人のあり方を問題視したのです。

言い換えると、何でも自分が判断し、宣言し、決めつけていい、人に意見や考えを押し売りすることができる、何かを疑うだけの力や資格が自分には確実にある、そういう現代人のとりがちな姿勢をオルテガは取り上げていたのであって、あるシチュエーションで人がしゃべりすぎだとか、その場面ではもっと話を聞いたほうがいいだとか、そういう個別の状況における教訓を語っていたわけではありません。

そして、これが重要なのですが、彼の提示しようとする姿勢は、批判されるべき現代人の自己完結性とは真逆のはずです。そのことに留意しながら、もう少し踏み込んでオルテガの言葉を見に行きましょう。

自分を疑わない人ほど落ち着いている

オルテガの選ぼうとしている進路のイメージを掴むために、まずは彼の批判している現代人の傾向を別の仕方で表現している箇所を見ましょう。

エゴイズムは迷宮である。そんなことはわかりきったことだ。〔…〕もし自分の生の内部だけで自己中心的に歩くつもりなら、進むこともなく、どこに行くこともない。同じところを堂々巡りするだけだ。[11]

自己完結的な現代人の生き方を、オルテガは、「エゴイズム」「迷宮」「自分の生の内部にいる」「自己中心的に歩く」「堂々巡りしている」などと表現しています。これはすべて反復、つまり言い換えです。同じ意味を表すものとして読まねばなりません。
　このモチーフは別のところでも繰り返されているので、そちらも見てみましょう。

自分が迷っていると実際には感じていない人は、間違いなく迷う。つまり、自分を見つけることはなく、自身の現実にぶつかることもない。[12]

現代人は「自分が迷っている」などと思っていない。しかし、自分が迷っていると自覚しない迷子ほど厄介な迷子はいません。自分は迷子ではないと思うから、自信満々にとんでもないほうへと進んでしまいます。まさに迷宮入りです。現代人は生まれながらの方向音痴なんですね。

そういう人は、本当に自分と向き合うことも、自分の世界と対峙することもないのだとオルテガは言っています。知らない土地にわけのわからないまま放り出されるときのような「不安」を自覚する必要がある。迷子でいることの不安をなかったことにせず、不安を生きることなしには何も始まらないと考えたのです。

『大衆の反逆』には、現代人について直截《ちょくせつ》な皮肉を言っている場面もあります。

> 愚か者は、自らを疑うことをしない。自分を分別豊かな人間だと思っている。己の愚かさに居直っているので、うらやましいほど落ち着き払っている。*13

もちろん「愚か者」とは私たち現代人のことで、「うらやましいほど」は皮肉です。私たちは、自分がまともで、判断する力が問題なくあって、物事について適切な仕方で関わることができると思っているところがある。

現代人は、「大丈夫じゃないかもしれない」「ろくでもないことをするかもしれない」「間違った考えを持っているかもしれない」などといった疑いを他者には向けても、自分には向けようとしないので、何の動揺もなく、安穏と暮らしている。このことが、「エゴイズム」「迷宮」「堂々巡り」などと表現されていたわけですね。

逆に言えば、現代社会において自己完結的な生き方を止めたとき、人は、誰しも落ち着きを失い、取り乱すはずだとオルテガは考えました。確かに、些細なきっかけで馬鹿なことをしでかすかもしれないと常々自分に疑いの目を向けていれば、「落ち着き払う」余裕などないでしょう。

「現代人は迷子だが、迷子を脱するべきだ」と言っていない点で、オルテガの主張は逆説的です。この迷宮にも思える自己完結性を打破するには、自分は迷子である、他ならぬ自分自身が迷っていると認識し、その迷いとともにいる必要がある。オルテガは、そう語っているのです。

現代社会では誰しも迷っている。しかし、私たちは自分が迷っていることを認めない傾向にある。だから、自己完結の迷宮を脱しようと思うなら、まずは迷い取り乱している自分を認識することから始めなければいけません。

私たちはゾンビ映画ですぐ死ぬやつみたいな生き方をしている

これでオルテガが何をどんな風に退けながら、その代わりにどんな路線に期待をかけていたのかということがわかりました。ポイントは、自分がすぐに出せる判断や考えの中に「答え」や「解決」を見つけるのではなく、そうしそうになる自分を疑うことです。[*14]

「常識を疑っていかないと」「何でも鵜呑みにしちゃダメ」などと訳知り顔に言う人はあちこちにいますよね。一見それらしく聞こえるのですが、そう口にする人が自分を真っ先に疑っているということは、まずありません。オルテガの視点からすると、こういう人たちは、自分を疑わない点で最も厄介な迷子であり、なお悪いことに周囲の人が「自分は迷っていない」と思い込むよう促しさえしているのです。私たちが疑うべきなのは誰かの常識ではなくて、何よりもまず、自分の常識のはずですよね。

先のローマ軍人の文章は、こういう文脈で読まれる必要があります。〈沈黙〉〈警戒〉〈聞く〉といったモチーフは、あくまでもそういう姿勢を象徴するメタファーとして理解しながら読んでください。

ありとあらゆるものに対して真摯な態度をとり、可能な限り責任をとろうとする人はみな、ある種の不安を感じるはずだが、かえってそれゆえに警戒を怠らないようになる。ローマ帝国の軍務規定には、歩哨が眠気を避け常に警戒するために人差し指を唇に当てておくべしとの一項がある。これは悪い姿勢ではない。それは未来のひそやかな兆しを聞き取れるように、夜のしじまに一層の沈黙を強いる身振りのように思われる。[*15]

〈沈黙〉〈警戒〉〈聞く〉といったモチーフを通じて、オルテガが何とか言語化しようとしたのは、「自分は決してパーフェクトではなく、常々危うさを抱えている」と知っている人の抱えた不安と警戒心であり、そして、世界や他者の中で起きていることに注意深くあろうとする人の持つ豊かで緊張感のある好奇心だったのです。

ピンときてないかもしれないので、急なんですが、ゾンビ映画で喩えますね（割と好きなんです）。「俺は絶対死なねぇ」とか言って自信満々な人とか、「お前らみたいなやつが集団を危機にさらすんだ」とか言って他人を非難しながら自分の振る舞いについては開き直っている人とか、「キャンプはこっちのほうが安全に決まっている」とか言って自己判断で適当に寝ちゃう人とか、ゾンビ映画でよく出てくるじゃないですか。こういう人って、視聴者から「おいおい、ひどいな」「あかんフラグや」とか突っ込まれるんですけど、実際には、これこそ私たちの姿にほかならないわけですよ。

「私たち」と書きましたが、「これほんとに私自身そうやな」と思いながら書いています。書き手である私は、別に安全圏にいるわけではありません。水先案内人のように、読者のそばにいながら進路をとっているわけですから、みなさんと同じように風や陽にさらされています。「蜂のように刺す」などと言いましたが、その針で自分ごと刺している感じです……。どちらかというと、私は黒歴史が多いというか、恥ずべき過去もある人なので、定期的に「ウッ……」ってなりながら生きています。ゾンビ映画のモブキャラとして生きざるをえないのは、難儀なものですね。

話を戻しましょう。そんな生き方をしないために、私たちはどうすればいいのでしょうか。それは、どんな些細な変化も見逃さずにいようと静かにして耳を澄ませ、どんな対策をしても絶対はないと疑い、自分だけは大丈夫などとは思わず、安易な判断や決めつけを避けて、いろいろな人と協力し合いながら警戒を続けるということのほかにないでしょう。ゾンビ映画の多くで主人公たちが不安を抱きながらやっている、あの警戒姿勢です。〈沈黙〉〈警戒〉〈聞く〉というオルテガの概念が放つ気配は、これで伝わったと思います。言ってみれば、世界や他者への関心を失ったり、自分の考えや判断への批判精神を忘れたりしたとき、私たちは、ゾンビ映画で早々に退場していく人みたいな愚かさを生きていきます。だから、オルテガの言う「自分を疑う」というのも難しい話ではなくて、(外側の誰かをどうこう言うより前に)まず自分がゾンビ映画ですぐ死にそうなやつみたいな生き方をしているんじゃないかと自問するだけのことなのです。

現代人はインスタントで断片的な刺激に取り巻かれている

「私たちがいかに自己逃避しているか、その逃げぶりを見てみよう」という話でした。オルテガによると、私たちは、自分に向き合うことを避け、自分だけは迷子ではないと思っている最も厄介な類の迷子です。自分以外のことには平気で疑いを向けたり、好き勝手な判断をしたりするにもかかわらず、傍若無人な自分自身に疑いを差し向けることだけは怠っている。この辺りに、ご立派な自己逃避ぶりが表れていますね。

これまでの話から、オルテガの言わんとすることをざっと把握してもらえたと思うのですが、まだ現代の具体的な生活実感からは多少遠いように思われるので、少し別の話題へと視線を移してみたいと思います。

「君たちはみんな激務が好きだ。速いことや新しいことや見慣れないことが好きだ」とニーチェは言っていたのでした。確かに、私たちは激務で生活を取り巻いています。「激務」と聞いて仕事を思い浮かべてもいいのですが、それよりも、私たちの私生活や娯楽の環境について考えたほうが、感覚的に話が入ってくると思います。

車移動や電車通勤のとき、会議のとき、寝起きの布団の中で、料理中に、あるいは、トイレや風呂にいるとき、映像、絵、音、文字などのメディア化された無数のコンテンツに、いつでもふれることができます。スマホやタブレットのような、ポータブルなマルチタスクデバイスがあるからです。[*16] そこで目新しく見慣れない情報を次々取り入れている。

モニター上では、話題になっていたNetflixの新作ドラマのＰＶが自動で流れた状態のまま、実況者の深夜配信のアーカイブをイヤフォンで聴き、スマホ上で画像をレタッチ（加工）して友だちに送りながら、さきほど仕掛けた「ほったらかし家電」から漂ってくる角煮のにおいを感じている。この間、スマホではさっき買った電子書籍のダウンロードがバックグラウンドで処理されていて、パソコンではDiscordで別の友人と通話をつなぎっぱなしにしている。

こんな生活は、さほど珍しいものではないでしょうが、これを「激務」と呼ばずしてなんだというくらい、私たちは細かなタスクを同時並行して行っています。同時並行していることに気づいていないくらい当たり前の行為ですね。それぞれのコンテンツやコミュニケーションへの参加度合いは薄いものになっているため、消費環境のほうも、前提知識なく消費しやすく、満足も短い間に得られるように最適化されています。[*17]

第5章でも登場することになる哲学者のマーク・フィッシャーは、こういう情報環境の変化を念頭に置いて、割といいことを言っています。彼によると、無数の感覚刺激やコミュニケーションに浸るあまり、私たちは刺激の渦から切り離された途端、「暇やわ、最悪」「退屈やねんけど」と思ってしまうのです。

退屈は、単純に、テキストメッセージ、YouTube、ファストフードからなる、コミュニケーション的感覚刺激のマトリックスに埋め込まれた状態から離脱し、オンデマンドの甘ったるい満足の絶え間ないフローをわずかな時間我慢することを指している。[*18]

フィッシャーが直接指摘したものだけだと射程が狭いので、少し押し広げて考えてみましょう。

日々の高いストレスに対処する上で、ペン回しや髪いじり、プチプチつぶしのような単純なリズムの繰り返しは意外に心地いいもので、心のバランスをとるのに役立つところがあります。トーマス・H・オグデンという精神分析家は、肌への感覚刺激に基礎を置いた仕方で自分の体験を位置づけていく心のあり方や状態のことを「自閉接触ポジション」と呼んでいます。[*19]自分に単純な感覚やリズムをボーッと入力しているイメージで理解するといいと思います。

先に挙げた例はもちろん、貧乏ゆすり、ニキビつぶし、そしてソシャゲを周回する際の単調なスマホ操作なども、「自閉接触ポジション」のときに用いがちな感覚刺激の一例です。TikTokで一定の長さの似たリズムの音楽や映像に触れるのも、YouTubeでレコメンドされるがままに様々な動画をスキップしながら視聴するのも、ＬＩＮＥスタンプを送り合ったり、仲間内で共有された定型的な言葉遣いでじゃれあったりするのも同じことです。

私たちは、一定のリズムで繰り返されるインスタントで、わかりやすい感覚やコミュニケーションで自分を取り巻きたがっており、現代の消費環境はそのニーズを支援してくれているわけです。

不明瞭で複雑ですぐには消化しきれないことの大切さ

明確な感覚刺激によって落ち着きを取り戻そうとするメンタリティ、つまり、自閉接触ポジションが、現代社会において目立ってきているのには、常に変化や成長を要求される社会的条件（＝ポストフォーディズム）など、もちろんそれ相応の理由があります（ポストフォーディズムについては第５章で論じるのでいったん寝かせておいてください）。

ただしここで照準を合わせたいのは、「自閉接触ポジション」的なものが前景化する背景ではなく、明確で一定のリズムを刻むような刺激からほど遠いものが置き去りにされてしまう事実です。言い換えると、満足に至るまで時間がかかるもの、必ずメリットが得られるとも限らないもの、満足を得るにはいろいろと学ぶ必要があるもの、精神的・時間的にコストがかかるものが見向きもされなくなり、前提知識がなくても誰でも乗っかれて「いいね」「すげー!」「かっけー!」とか、「ひどいな」「こわっ」「マジか……」などと言えるような、直感的に共感されやすいものが話題にされ、社会の前景を占めていくということです。

ジャンクフードをほおばりながら、Apex[*20]を延々とプレイし、合間でTikTokを眺めるような、予想通りで誇張された単純な刺激に接することで落ち着きを感じる日だって、もちろんあっていいと思います。実際、仕事などで疲れ切っているときに、注意深い観察や探索的な鑑賞を要するような食事や娯楽ではなく、こういうものに囲まれることで落ち着くということは私自身あります。だから、この種のインスタントで明快な刺激から成る情報量の少ない娯楽や消費は、容易く否定すべきでも、否定したところでどうにかなるものでもないと感じています。

ただ、自閉接触ポジションのような心のあり方が、興味深いトラブルを引き起こしていることには目を向けておくべきだとも思います。一定のリズムを刻むような明快で大袈裟な刺激を楽しむ習慣が社会に共有されると、普通に考えれば「消化」に時間がかかるはずの事柄すらも、明快でジャンクな刺激として扱われるようになるのです。フィッシャーは、その問題を「ニーチェをハンバーガーのように読もうとする」人物に象徴させて論じています。

ハンバーガーを欲しがるのと同じ仕方でニーチェを欲しがる学生がいる。〔しかし〕そういう学生は、その消化しきれなさ、その難しさこそがニーチェであるということを把握できず、消費者の論理がこの誤解を強化しているところがある。[*21]

ニーチェの哲学を学ぶことが、ファストフードを胃に流し込んだり、Instagram のリール動画を見たりするのと同じ扱いを受けてしまうということです。

もちろん、ニーチェだけでなく、この話は押し広げて考えられるでしょう。文学や映画を味わうことも、学問に接することも、あるいは、友情や恋情に支えられた関係性を持つことも同じ。ハンバーガーを注文して数分で流し込むときのように、物語も、学問も、人間関係も、予想通りで明快で飲み込みやすい刺激から成る、即時的に達成しやすいものであってほしいという声が一定あるということです。

例えば、最近の漫画や小説では、主従関係や身分制、あるいは奴隷契約のような極端に非対称的な関係性が、しばしば何の葛藤もなくカジュアルに描かれますね。それも明快で即時的に達成できて、読者の期待を裏切らない、確実ゆえに奥行きのない人間関係を表しているように思えます。「異世界もの」をひとまず念頭に置いていますが、任侠、年齢差、ゲーム的な「スキル」、契約、軍隊、誇張されたスクールカーストなど、いろいろな設定を用いて、同様のことがなされています。[*22] 繰り返しになりますが、これは否定すれば済む話ではないし、単純に切り捨てて白黒つけるのは、オルテガの批判した自己完結的な姿勢そのものです。それに私自身、そういう単純な関係性を求める心の動きに、思い当たることがあります。

ビジネスにおける教養ブームに言及しながら、哲学者の東浩紀さんがフィッシャーと似たことを言っています。

今、教養を身につけろ、学びが大切だと言っているひとたちのなかには、単にイントロ当てクイズを薦めているひとがいると思います。大事なのは音楽を聴く生活のはず

なのに、イントロを聞いたらすぐ曲がわかるような知識の鍛え方をしていて、それが教養だと思っている。そうではなくて、音楽のある生活を送るのが、教養があるということなんです。[*23]

昨今の教養ブームにおいて、教養はその場で処理できる程度の刺激や娯楽として位置づけられてしまっているというのです。

自己への疑いを取り戻したい私たちは、こうした傾向を避けられないものとして認めながらも、ある程度、批判的であろうとしています。だからこそ、「消化しきれないもの」「難しさ」の大切さを訴えたフィッシャーや、すぐには消化できないものと過ごすことの楽しさについて暗に語っている東さんの言葉を紹介したわけです。

「確かに、安易にわかった気になれないような事柄に取り組むことは大切だ」と、多くの人が同意はするでしょう。医者から運動しなさいと言われたときのように、頷いてはくれるはずです。

しかし、仮に同意を得られるとしても、私たちはこれを実践できるのでしょうか。不明瞭で複雑で難しく、すぐには腑に落ちず、消化不良のまま心の中に残ってしまうようなことに接するなんて、どうにも疲れますよね。それにもかかわらず、どうして「消化しきれなさ」「難しさ」は大切なのでしょうか。

このことを考える上で参考になるのが、小説家の黒井千次《くろいせんじ》さんの言葉です。黒井さんは、ある新聞社の会合で、そこにいるみんなの疑問に次々答えてしまう人物の振る舞いを見て、このように書きつけています。

> それにしても、とあらためて考えざるを得なかった。謎や問いには、簡単に答えが与えられぬほうがよいのではないかと。不明のまま抱いていた謎は、それを抱く人の体温によって成長、成熟し、更に豊かな謎へと育っていくのではあるまいか。そして場合によっては、一段と深みを増した謎は、底の浅い答えよりも遥かに貴重なものを内に宿しているような気がしてならない。[*24]

ここには、手持ちの知識ですべてを説明し尽くすことへの疑いがあります。簡単に消化できないものは消化不良のままにしておく。簡単にわかった気にならず、安易な説明ならいっそ謎のままに留める。難しいものや複雑なものを、単純化して適当な分類箱に入れるのではなく、その手に柔らかく握っておく。そういう姿勢でこそたどりつける、「貴重なもの」があるのではないかという期待を黒井さんは語っているわけです。

「スッキリ」と「モヤモヤ」を使い分ける——東畑開人の議論

臨床心理士で医療人類学者の東畑開人《とうはたかいと》さんは、黒井さんがウェットな表現で言っていることをさっぱり言葉にしています。東畑さんは、感情や体験を処理し意味づけるやり方を「スッキリ」と「モヤモヤ」に区別した上で、現代は「モヤモヤ」に分が悪く、「スッキリ」が力を持つ時代だと指摘しています。

もちろん、スッキリすることは大切です。例えばストレスを抱えているなら、やけ食いしたり、愚痴を言ったり、カラオケやショッピングに夢中になったり、明快な感覚刺激で自分を取り巻いて安心したりすることで、さっさとストレスを発散してスッキリすることは、日々を暮らしていく上で有用です。

しかし、あらゆることをスッキリさせて、次の仕事に向かうような生活になってしまうのはかえってしんどいことで、実のところ、簡単には割り切れないことを抱えることも同時に必要なのだと指摘しています。東畑さんのモヤモヤ論は、フィッシャーの言う「消化しきれなさ」「難しさ」の東畑さんなりの擁護なのです。
具体的な文章を見に行ってみましょうか。

恩師から言われた耳の痛いアドバイスを、スッキリしてしまうのはもったいない。その言葉は、あなたを傷つけるかもしれないけど、きちんとモヤモヤできたならば、あなたを成長させてくれるかもしれない。〔…〕スッキリは老廃物だけではなく、苦い良薬まで一緒に排泄してしまいます。あなたの人生の栄養になるようなものが、下水に流れていってしまう。〔…〕人間関係をスッキリし過ぎると孤独になってしまうし、自分らしくいようとし過ぎると、心が貧しくなってしまう。シンプルすぎる心には余裕がありません。スッキリは心を守ってもくれるのですが、時と場合によっては心を損なってしまう。*25

もちろん、「とにかくモヤモヤしなさい！」という話ではありません。東畑さんは、状況や場合、自分の心理状態を見極めながら、スッキリとモヤモヤをバランスよく使い分けていくことを提案しています。[*26]

伝わるかわからないですが、「私が生涯目にする映像はジャン=リュック・ゴダールとデイヴィッド・リンチだけでいい」と言い切れる人は、たぶんいないでしょう。種類や方向性は全然違うのですが、二人とも、筋立てや設定に収拾がついていない難解な映画作りで知られています。でも、そんな映像しか観られないのはしんどいですよね。よくわからないくらいドンパチしたり、パーッと怪物を退治したりするだけの単純で謎のない映像を観て、スッキリ一日を終えたい日もあれば、意味の薄いYouTube動画やバラエティ番組が恋しくなる日もあるはずです。

それでもなお、ゴダールやリンチのように、すぐに解釈しきれない謎や過剰さを与えてくれる映像を観る体験は、生活を豊かにしてくれることも確かです。問いや謎を持たない人は、生活から何か新しいことを受け取ることは難しいので、モヤモヤにはそれ相応の大切さがあるわけです（一応補足しますが、ゴダールやリンチを観ろと言っているのではなくて、「モヤモヤも大事だ」と説明するための喩えです）。

そして、改めて強調しておくとすれば、東畑さんやマーク・フィッシャーが指摘するように、現代社会では、釈然としない「モヤモヤ」「消化しきれなさ」「難しさ」は好まれない傾向にあります。「退屈」「面白くない」「共感できない」「疲れる」などという理由で、答えも解釈も見えない未決の状態は避けられる傾向にある。そうだとすれば、私たちは意識的に、消化しきれないものを抱える方法について考える必要がありそうです。

「モヤモヤが大事」の先へ行くために

何かを知ろうとするとき、理解したと安易に思わず、「ああかな、こうかな」と考え続け、調べ続けることは、なるほど、大事なのかもしれないと思ってくれたでしょうか。しかし、これは、取り入れたものを消化不良のままに留めておくことであり、それなりに負担がかかるし、かなり面倒です。ずっと難解な巨匠映画だけを観るような人生は疲れます。

しかし、今の自分がパッと把握し、折り合いがつけられ、身につけられる範囲だけで学び、行動し、判断し、発言し、思考すればいいかというと、そうでもない。オルテガが批判した「ごちゃごちゃ集まって、人の話も聞かずにがちゃがちゃ話す」生き方は、あまりに自分に閉じすぎていて、他者や世界に対する好奇心を挫かせてしまいます。それは、よくあるゾンビ映画の、観ていてつらくなってくるキャラクターのような生き方です。「それは流石にどうか……」と思いますよね。

これまでの議論を踏まえて「はじめに」に掲げたニーチェのフレーズに立ち返ると、この文章は自分をスッキリさせる明快な活動や刺激で取り巻くことで、割り切りがたく釈然としない消化不良の状態から必死で逃走しようとするストーリーについて語っているように見えるはずです。

君たちにとっても、生きることは激務であり、不安だから、君たちは生きることにうんざりしているんじゃないか？〔…〕君たちはみんな激務が好きだ。速いことや新しいことや見慣れないことが好きだ。――君たちは自分に耐えることが下手だ。なんとかして、君たちは自分を忘れて、自分自身から逃げようとしている。[*27]

以上で、大体、本書のモチベーションを説明する準備が整いました。やっとですね。ただし、「やっぱりモヤモヤに向き合うことが大事！」「割り切れないものを大切にしないとね」などと、訳知り顔の人たちが喜んで飛びつきそうなメッセージを発するつもりはありません。こういう話題は、ブログとかネットの記事で見つけることができる「よくある話」です。なので、ここをゴールにせず、私たちはこの先に行きましょう。

「モヤモヤが大切」は、私たちが歩みを進めていくスタート地点です。ちょうど今あなたは、飛行機から降り立って荷物を受け取ったところで、まだ空港の外に出てもいません。「消化しきれないものも大事だ」という考えを確認してきたのは、自分たちが歩き出す場所を確認する作業とでも言えるものです。つまり第1章は、「はじめに」の冒頭に掲げたニーチェのフレーズをとっかかりに、私たちの問い（議論の方向性）を丁寧に言語化しただけのことで、旅の本編はこれから始まるのです。

即時的な満足を与えてくれる感覚刺激やコミュニケーションにいつでもアクセスできる状況にあって、今や人気のなくなっている「消化しきれなさ」「難しさ」「モヤモヤ」といった時間もコストもかかるものを生活に取り込むにはどうすればいいのか。そうできると何がうれしいのか。そのための具体的で実際的な手立ては何なのか。私たちを取り巻く技術・社会・経済的な条件も意識しながら、こうした疑問に残りの章で向き合っていきます。それには「孤独」（そして「趣味」）が関係するのですが、詳細は後に取っておきましょう。

自分を疑うという「冒険」

オルテガは今なお立ち返るべき重要な思想家だと心から信じていますが、それでも、迷子の自覚を持つことについての彼のレトリックは、やや深刻すぎるように私は感じています。「自分こそが迷子ではないか」と疑いの視線を向けることは、ただ単に不安と緊張を誘うだけのしんどい経験かというと、そうでもないように思えるのです。

私の大好きな作家、レベッカ・ソルニットの言葉を借りるなら、本書の仕事は、私なりの「迷うためのフィールドガイド」をみなさんに提示することだと表現できるかもしれません。[*28]迷っていると自覚して歩くことのサスペンスフルな楽しさを伝えるような野外手帖であり、ガイドブックです。

オルテガを離れてソルニットのほうに行きましょう。迷子だと自分を疑うことは、冒険小説のような感覚にさせてくれる経験だと考えてはどうでしょうか。今から冒険が始まるというときの登場人物たちの心情を思い浮かべてください。不安と期待の入り混じった状態で心躍らせながら、自分を巻き込んでいく変化の兆しに敏感であろうとするときの、あの感覚です。

緊張感のある好奇心とでも言いたくなる、あの感じについてはJ・K・ローリングの『ハリー・ポッター』シリーズを思い出すといいかもしれません。はじめてホグワーツに行くときのハリー・ポッターも、どこにどうやって行くのかわからず迷子みたいな状態でしたが、彼は決して「しんどい」「嫌だ」「最悪」などとは思っていませんでした。彼の不安と期待の入り混じった様子は、物語が動き出す瞬間を前にした少年の、心の弾み方を伝えるものにほかなりません。

ここで注目に値するのは、ハリーの友人たるロン・ウィーズリーです。未知の土地に向かう旅路でハリーが安心していられたのは、恐らく、友人であるロンが自分のそばにいたからです。[*29] みなさんも哲学にふれながら「消化しきれなさ」「難しさ」に対峙するとき、曰く言いがたい動揺や退屈、あるいは、苛立ちや不満を感じるかもしれません。でも、ここに私というガイドがいます。

これは哲学という未知の大地に踏み出す、ちょっとした冒険にすぎません。「割と攻撃力あるな……」という言葉が並んでいたり、ちょっとはらはらする解説があったり、チクッと刺されたりすることもありますが、何も『チェンソーマン』とか『進撃の巨人』みたいな切った張ったの世界に行くわけでもないんです。私を旅の道連れにした小旅行に出かけるというだけのことです。でもどうせなら、迷子を楽しみましょう。少しの間、どうぞお付き合いください。

コラム

大衆社会論とメディア論と対象関係論

各章の終わりに、その章の内容を「哲学」という分野全体から見ると、どんなスタンスとして位置づけられるかというメタ的な解説コラムを書くことにしました。いくぶんテクニカルな話になるので、初学者や入門者が読むとピンとこないかもしれません（本を読んで知識が増えてから読むと、「あーそういうことだったのか」ってなると思うのですが）。わからなくても気にせず、キーワードを拾うつもりで読んで、疑問は心の棚に寝かせておくのがいいと思います。

本章のスタート地点に置いたものは、大衆社会論・消費社会論と呼ばれるジャンルの知見です。近代社会は、異なる出自や習慣を持つ人々を結び合わせ、集合的に居住させる「都市」という新しい空間を生み出しました。そこに立ち現れたのが「大衆消費社会」です。ウォルター・リップマン『世論』、ジョン・デューイ『公衆とその諸問題』、デイヴィッド・リースマン『孤独な群衆』などに加え、ニーチェやハイデガー、オルテガやアーレントなどもこの系譜に加わります。

さらに、「感覚刺激がどうの」「マルチタスキングやスマホがどうの」という箇所は、メディア論の知見をベースにしています。情報環境が私たちの知覚や想像力に影響を及ぼすという観点は、マーシャル・マクルーハンやダニエル・ブーアスティンといった人々の展開した議論に基づくものです。

種明かしをすれば、本章の大衆消費社会論とメディア論に基づく記述については、私の博士論文をもとにした書籍『信仰と想像力の哲学：ジョン・デューイとアメリカ哲学の系譜』（勁草書房）の一部を、違う視点から語り直したものとして読むことができます。

後半で登場した「ポジション」という言葉は、心の構えやあり方を指すもので、精神分析の一派である対象関係論の概念です。「妄想分裂ポジション」「抑鬱《よくうつ》ポジション」「自閉接触ポジション」といろいろあります。妄想分裂ポジションは、人や物事を「良い」「悪い」にはっきり分割して二分法的に関わるメンタリティ、抑鬱ポジションは、もう少し対象全体と曖昧で灰色的な関わり方を許容するようなメンタリティを指しています。

心理的ポジションは、発達段階や固定的な気質のようなものではありません。例えば、普段は抑鬱ポジション的なのに、仕事があまりに多忙で余裕を失ったタイミングでは妄想分裂ポジション的になるというように、状況や時期などに応じてスイッチしうる性格のようなものとして理解してください。本章では、メディア環境の変化を意識しつつ、自閉接触ポジションが前景化しやすい環境が社会の中で整っていると指摘したわけですね。

本章の仕事は、大衆社会論、メディア論、精神分析を組み合わせながら、社会性格論と呼ばれるアプローチに近いことを新しい装いで行っているのだと整理することができるでしょうか。

＊8　オルテガ・イ・ガセット（佐々木孝訳）『大衆の反逆』岩波文庫、２０２０、64頁　訳文は英訳版に基づいて変更しています。以降の引用も同様です。
＊9　同前、148頁「現代人」とした箇所は元々は「平均人」ですが、平均人＝現代人なので、わかりやすさのために置き換えて表記しています。
＊10　同前、112頁
＊11　同前、249頁
＊12　同前、271頁
＊13　同前、146頁
＊14　この論点は、のちに「ネガティヴ・ケイパビリティ」という言葉とともに改めて取り上げることになります。
＊15　同前、112頁
＊16　アンバー・ケースによる『カーム・テクノロジー　生活に溶け込む情報技術のデザイン』（ビー・エヌ・エヌ新社、２０２０）では、いつでもどこでも接続が可能になった「ユビキタス・コンピューティング」の時代の次にあるものとして、相互接続した端末を一人複数台持つことが常態化した時代を想定しています。本書もそれと同じ状況を念頭に置き、それをスマートフォンに象徴させる形で「スマホ時代」と言っています。
＊17　このマルチタスク化するコンテンツ消費については、「消費者が求める「体験」の再編集：ネタバレを避ける人と求める人」（『中央公論』２０２２年8月号）で詳しく論じています。ネットで一部読めます。
＊18　Mark Fisher, *Capitalist Realism*, Zero Books, 2009, p.24＝セバスチャン・ブロイ&河南瑠莉訳『資本主義リアリズム』堀之内出版、２０１８、66頁　ただし、原文に沿って訳し直しています。

これ以降で原文の文献も示しているものは、フィッシャーの本に限らず、私が原文から訳し直しています。ちなみに、翻訳書を引き写さずに、わざわざ原文から訳すのは、訳者に文章の解釈を委ねないという哲学研究の「お作法」に由来するものです。このやり方を使えば、既存の翻訳からは見えない、新たな読解の可能性が見えるかもしれないだけでなく、自分で解釈の責任を引き受けることにもつながります。

＊19　トーマス・H・オグデン（和田秀樹訳）『「あいだ」の空間：精神分析の第三主体』新評論、１９９６、194－196頁

ちなみに、「自閉接触ポジション」は乳幼児や自閉症患者の臨床を通して形成された概念で、「接触」は表面にふれる経験を念頭に置いた言葉です。しかし、特定の発達段階や自閉症者に用いられる概念というより、誰にでも生じうる状態を指す概念として用いられています。詳しくは本章末のコラムを参照してください。

＊20　Respawn Entertainment 開発の Apex Legends のこと。非常に高く評価されているＦＰＳゲーム（主人公視点のシューティングゲーム）で、ワンプレイが短い。ちなみに、任天堂の Splatoon シリーズはもっと短い。

＊21　Fisher, *Capitalist Realism*, p.24 ＝『資本主義リアリズム』66－67頁

一部表記を変更しました。

＊22　関連する論点は、「コンテンツの内と外は不可分に 異世界系ウェブ小説と『透明な言葉』の時代」（『中央公論』２０２２年２月号）でも扱っています。

＊23　「東浩紀と上田洋子に聞く 教養とは何か？②」ミライのアイデア https://www.mirai-idea.jp/post/genron05

＊24　黒井千次「随想：知り過ぎた人」『學士會会報』no. 912、２０１５、65頁

＊25　東畑開人『なんでも見つかる夜に、こころだけが見つからない』新潮社、２０２２、207－208頁

＊26　ごく日常的な言葉遣いで書かれていますが、東畑さんの議論には、それなりに抽象的かつハイコンテクストな背景

があります。下敷きの一つになっているのは、北山修『新版 心の消化と排出：文字通りの体験が比喩になる過程』（作品社、2018）です。この本で北山さんは、身体をめぐる精神分析の隠喩（具体的には「消化」や「排泄」）を真剣に受け止めながら、それを日本語臨床のための精神分析理論へと仕立て直すことを試みています。

＊27 ニーチェ『ツァラトゥストラ 上巻』90頁

＊28 レベッカ・ソルニットには、『迷うためのフィールドガイド（*A Field Guide to Getting Lost*）』という著作があります。これは、『迷うことについて』（左右社）というタイトルで邦訳されています。

＊29 「おわりに」では、仲間という言葉で同様のことを論じています。

第2章

自分の頭で考えないための哲学——天才たちの問題解決を踏まえて考える力

前章で浮き彫りになったスマホ時代の課題を、哲学の視点を使って検討していくのが本書の試みだ。

では、そもそも「哲学」とはどんな営みなのだろうか。自分の頭で考えることが哲学だという話を聞いたことがある。だが、「自分の頭で考える」という発想に、落とし穴はないだろうか。

本章では、その疑問に答える形で「哲学」を学ぶとき、ひいては何かを考えるときはいつでも必要になる見方を紹介し、未知の大地へ踏み出すための準備を整えることにしよう。

「哲学＝自分の頭で考える」なのか？

時間もかからず、知識も努力もなしに満足を与えてくれる感覚やコミュニケーションの刺激にいつでもアクセスできる時代に生きている。そういう状況で、今や人気のなくなっている「消化しきれなさ」や「モヤモヤ」と向き合う時間をどうやって確保するか。その具体的で実際的な手立てはないか。

これが本書で私たちが掲げた問いです。これに取り組むにあたって哲学を参照するわけですね。「でも、そもそも哲学って何なの？」という疑問は当然湧いてくるはずですし、これはスルーできません。そこで、本章ではこの当然の疑問に取り組みたいと思います。

私が哲学者だということを聞きつけると、こんな風に話しかけてくる人がたまにいます。

哲学は自分の頭で考えるというイメージがあります。自分で考えれば、それが哲学になるのに、何を学ぶ必要があるんですか。

一見この感覚はもっともらしいですよね。実際、「自分の頭で考えよう、それが哲学なんだ」と書いてある哲学の本もあります。

加えて、「自分で考える」というフレーズは褒められることとして流通しているようにも見えます。実際、「自分の頭で考えなさい」と私たちは教えられてきました。家庭でも、学校でも、企業でも、実にいろいろな場面で。「自分の頭で考えなさい」と聞かされてきただけでなく、そう教える側に回った人もいるかもしれません。

「自分の意見を言ってください」「人の考えを真似するんじゃなくて君の見方を知りたい」「これからは各人の美意識が問われる」「見通しの悪い時代、思考力を鍛えないとね」「地頭力が結局大事」。こういったフレーズも同じことです。

けれど、「自分の頭で考える」とはどういうことなのでしょうか。そう聞かれて、誰が何を言えるでしょうか。それに、実際の私たちはどのように考えているのか。自分の頭で考えることでどこにたどり着きたいのか。「自分の頭で考える」ことの何がうれしいのか。それはそもそも望ましいことなのか。

哲学者だってNetflixを観るし、ドクターマーチンを履く

改めまして、哲学者の谷川嘉浩です。哲学者と聞いて、「お近づきになりたくないな」と思いましたか。そうですね。駅前ロータリーとかで哲学者を名乗る人がいても近づかないほうがいいと思います。怪しそうですもんね。私も書いていて、字面が強いなと思いました。

何よりもまず補足させてください。ここでいう「哲学」は、経営者が「我が社のフィロソフィーは……」と語るときの「哲学」とも、気難しそうなラーメン屋の張り紙にある「哲学」とも違います。専門的な意味での哲学です。私は大学で博士号を修めた、専門職です。言うなれば、職業哲学者。

ただし、あまり浮世離れした印象を持つ必要はありません。仙人みたいに霞《かすみ》を食べているわけでもないし、ドクター・ストレンジ（©MARVEL）みたいに魔術は使えません。チベットで修業した経験もないし、『ここは今から倫理です。』みたいに去り際に名言を引用した

こともありません。24時間ずっと難しいことを考えているわけでもないし、いろいろな話題に哲学的な概念をひたすら当てはめてキャッキャするようなこともありません。

割と普通です。保護猫と一緒に京都で暮らしていて、NetflixやU-NEXTでアニメやドラマをたっぷり観る習慣があります。「しゃべくり007」や「ドキュメント72時間」などを毎週録画して観ています。ある友人がドクターマーチンの8ホールブーツ・ホワイトステッチを履いているのを見て、あまりにかわいかったので思わず真似して買ったことがあります。朝一番でコーヒーを飲まないと夕方まで眠いし、服を買うのは好きだし、知人と久々に会ったら一応天気の話から始めます。まぁなんか、よくいそうですよね。

でも、哲学者が珍しい生き物であることは確かです。繁華街を歩いていて哲学者にぶつかったり、たまたま入った飲み屋で哲学者と隣り合わせて意気投合したりした経験のある人は少ないでしょう。博物館や動物園には展示されていません（もちろん水族館にも）[*30]。大学に行ったことのある人は、講義室で見かけたことがあるかもしれませんが、実際に知り合いになった人は多くありませんよね。

それで、ここが本題なのですが、専門的に哲学を学んだ身からすると、「自分の頭で考える」という発想は、あまりに素朴に思えます。以下では、「自分の頭で考える」を批判的に捉えてみましょう。それに答えるプロセスで、冒頭の問いに答えることができます。

自力思考が生み出すのは、平凡なアウトプット

「なぜ『自分の頭で考える』は危ういのか」という疑問を解くためには、そもそも「自分の頭で考える」とはどういうことかについて考えておく必要があります。「パンダヒーローはなぜマッチョなのか」という問いを投げかけられても、マッチョのほうはいいとしても、パンダヒーローが何かわからないと答えようがないですよね。それと同じことです。

でも、この問いについて考えることは難しくありません。私たちは誰しも「自分の頭で考えた」経験があるからです。「私は自分の頭で考えたことがない！」と言い張る人はたぶんいないですよね。それが考えを進めていく手がかりになります。

ここで一つ質問させてください。自分の頭で考えた結果がむちゃくちゃクリエイティブだったり、オリジナリティにあふれていたりする経験を持つ人はどれくらいいますか。レポートや卒論で書いたこと、企画書の内容、会議での発言、ニュースの意見や感想、コーチングで明かした自分の考え、何でも構いません。この先を読み進める前に、30秒くらい

目を閉じて過去を思い出してみてください。

たいていは「普通」「ぼちぼち」「なんてことない」ものだったのではないでしょうか。自分でも覚えていないくらいの。自分の頭で考えた結果の大半は、実に平凡で、ありがちな意見や考えに終始しています。

何日も何ヶ月も悩んで出した結果が、従来言われていること、すでに実践されていたこと、他の誰かに一瞬で追いつかれる程度のこと、あるいはそうしたものの劣化コピーだったことは一度や二度ではないはずです。自ら考え抜いた末に、仮に何か核心的なことがわかった場合ですら、すでに誰かがやっていることだったり、専門家に聞けば、数分でわかる程度の情報だったりする。

自力思考が平凡なアウトプットに陥るのは、自分がすでに持っている考え（＝先入見）を再提出しているにすぎないからです。未知を注意深く観察して問題に取り組むはずだったのが、自分がすでに正しいと心のどこかで思っていた事柄を「結論」や「意見」として差し出しているだけだということです（オルテガのことを思い出してください）。

いいや、アウトプットが平凡で陳腐だというくらいなら害はありません。けれども、炎上案件やコンプライアンス違反案件だって、よくよく考えれば、当人たちが自分なりに考えて出てきた企画、取り組み、判断だったはずです。

だとすれば、不用意で問題含みの企画も、正義や道理にもとる判断も、いじめやハラスメントの隠蔽も、等しく「自分の頭で考えた」末に出てきたものだということを真剣に捉えたほうがいい。どれほど粗雑な意思決定でも、判断基準が社会的・倫理的におかしくても、どれほど平凡で陳腐でも、確かに私たちは自分の頭で考えています。

このような視点に立つことで、「自分の頭で考えているか」を問題にする人が置き去りにしている論点があることが見えてきます。すなわち、「私たちはどのように考えを進めるといいのか」「何のために考えるのか」「考えることでどこにたどり着きたいのか」といった論点です。

もっと言うと、陰謀論者なんかは、真面目に考え調べている人たちですよね。Qアノン陰謀論、反ワクチン陰謀論などが用いる理論は、適度に複雑さを感じさせる情報の継《つ》ぎ接《は》ぎでできています。複数の無関係の出来事の結合、オカルト的な想像、論証や科学の雰囲気を帯びた飛躍ある説明などによって、「あれとこれがこうつながって、この背後ではこんな計画や陰謀があって、この人はこれと戦っているから……」というように、人々の常識や専門家の説明から離れ、インターネットから得た情報を「自分なりに考えて」継ぎ合わせ、奇怪な想像を重ねています。もちろん、そこで用いられる推論そのものは単純なのですが、陰謀論には「自分の頭で考えた結果だ」という側面があることは確かなのです。[*31]

この事例からわかるように、自力思考かどうかは些末な問題です。そこに本質はない。にもかかわらず、「自分の頭で考える」をとにかく尊重しようとしていることに、危うさを感じたほうがいいのではないでしょうか。

自力かどうかより、注意深さが大切

実は、集団が自分たちの頭で考えようとするときにも似たようなことが起こります。集団がいっぱい頭を使ったつもりになって、悪いアイディアを形にしてしまうことは珍しくありません。多くの企画では、プロジェクトの序盤で何らかの形態のブレインストーミングが使われますが、ブレストはたくさんのアイディアを出すので、そこには良いアイディアと同じかそれ以上の数の悪いアイディアが交じってしまいます。

誰しも他人から「こいつ感じ悪いな」と思われたいわけではないし、「この集団から疎外されている」とわざわざ実感したいはずもありません。だから、たとえ悪いアイディアだったとしても、私たちはその内容に同調する様子を見せがちです。ここに、悪いアイディアが形になり、目も覆いたくなるような企画が生まれる余地があります。

要するに、集団の場合でも、やはり自力かどうかは考える営みにとって本質的ではありません。問題の核心は、自分なりに頭を使うことだけが先行して、考えた気になり、満足してしまうことにあると言うべきでしょう。

そもそも、私たちは天才でも何でもないという自覚を改めて持つ必要があります。たいていの人は、どちらかというと、ゾンビ映画ですぐ死んでしまうモブキャラみたいな生き方をしています。そんな頼りない人間として、私たちは、しゃにむに自力で考えるのを止め、大切なことにフォーカスを合わせることから始めたほうがよさそうです。

しかし、自分の頭で考えることのほかに、私たちは何ができるのでしょうか。古代ローマのエピクテトスに、もう一度会いに行きましょう。彼は、歩くときに足元の危険物に注意を払うのと同じように、思考や議論の進め方に危険がないかと注意する必要があると弟子に語ったことがあります。[*32] これを踏まえると、私たちが照準を合わせるべきなのは、「どのようにすれば自分の思考に注意深くなれるのか」という自己懐疑的な問いとして読み替えるべきなのです。

「自分たちの手だけで何かができる」という自力思考的な発想を疑い、自分の思考に警戒心を持つこと。「自分の頭で考える」の代わりに私が勧めたいのは、「他人の頭で考える」ことです。それは、「他者の想像力を自分に取り入れる」ことだと言い換えられますが、一足飛びに説明せずに、着実に議論を進めることにしましょう。

森の歩き方を学ぶときのように、考える技術を学ぶ

エピクテトスは、考えることと歩くことを重ね合わせ、注意深い足取りを人々に勧めました。そこで推奨される「歩き方」は、社会人類学者ティム・インゴルドの重視する「行歩《ぎょうほ》（wayfaring）」に似ています（「徒歩旅行」とも訳されます）。「行歩」は、目的地にとにかく向かう「交通」とは区別され、プロセスや道筋を重視するような歩き方を指しています。[*33]魅力的なメタファーですね。

これにもう一つ隠喩を重ねてみましょう。ジョゼフ・ジャコトという19世紀の教育者は、自分も答えを知らない領域へと学生たちを案内したことで知られています（コーチングみた

いですよね）。哲学者のジャック・ランシエールは、ジャコトの特異な試みを「森」のメタファーで表現しました。ジャコトは、全体像も出口の方角もわからない森へと学生たちを誘い入れた、と。[34] 取り組むべき問題や謎が、「森」に喩えられているわけです。

二つのメタファーを重ね合わせると、未知の事柄に手探りで取り組むことは、訪れたことのない森の中を歩き回ろうとするようなものだというイメージが手に入ります。それで、変な話なのですが、まばたきした瞬間に、あなたが知らない森へと飛ばされているとしましょう。『漂流教室』みたいなやつですね。シュンって急に場面が変わって、気づけば見知らぬ森にいました。そのとき、あなたに何ができるでしょうか。

もしあなたがフィールド生態学者やパークレンジャー（自然公園の生態系を保護・管理する人）だとすれば、自然環境を調査・巡視することに慣れているでしょうから、未知の森からでも、様々な情報を読み取るはずです。大地からは動物の痕跡を見つけ、その動物が何かを知るだけでなく、そこで何をしていたか推測するかもしれません。そうした情報は、「こういうところに野生動物は住処を作りがちだ」などといったリスクを知ることにつながったり、水場の位置を知る手がかりになったりするでしょう。あるいは、植生や植物の種類から今自分がいる地域を推定したり、植物の傾きから太陽の位置や方位を知ったりできるかもしれないし、野生動物に対する心得や道具の備えがあるかもしれない。

しかし、単に森に放り出されただけの会社員や学生が、いきなり手持ちの知識と想像力で、同じ情報を得ることは難しいはずです。仮にパークレンジャーが使うような道具を手に入れたとしても、使い方や使いどころがわからないでしょう。このような状況で、素人ががしゃにむに頑張ることが何の役に立つでしょうか。

この喩え話が教えてくれるのは、森を歩くことは、気合いや一夜漬けでは何ともならないということです。イントロ当てクイズのノリで、急ごしらえの知識や道具を持ったところで、それだけではどうにもならないけれども、専門家はそれぞれ独自の仕方で森から情報を読み取り、それを活用することができるのです。

生態学者やパークレンジャーと、単なる素人の間には、無視できない違いがあります。森（＝謎や問題）のどこにどう注目し、そこから何を読み取り、どう解釈して何を推論すべきかについて確かな目を持っているからです。こうした人たちのように、着実な足取りで歩きたいのだとすれば、私たちは何を押さえておく必要があるのでしょうか。

「一問一答で動いちゃいねェんだ世の中は!!」

私たちに欠けていて、専門家から学び取ったほうがよいものは、〈知識〉と〈想像力〉にほかなりません。〈知識〉とは、文章で書き表せるような情報や事実のことです。「キツネはしばしばエキノコックスという寄生虫を持っている」「オルテガは『大衆の反逆』を書いたスペインの哲学者である」「オルテガは、自分を疑わない人で満ちた現代社会を批判している」などといった、一問一答形式に変換できそうな知識のことですね。

世の中で教養や学びの重要性を訴える人の中には、こうした〈知識〉を売り込もうとしている人たちがいます。「一問一答形式で身につく教養としての宗教」とか、「社会学が一冊で学べる本」とか、キーワード集のように作られた哲学入門とか、そういう類のアプローチです。もちろん、こうした〈知識〉はあったほうがいい。それはほんとにそうです。〈知識〉がないと何も始まらないので、知識獲得への冷笑はありえないと思っています。

でも、断片的な情報を握ってさえいれば何とかなるというものでもありません。それは入口にすぎないからです。例えば、キツネがしばしば持っている寄生虫の名前が「エキノコックス」だと知っているだけでは何にもなりません（なぜか世の中の相当数の人がエキノコックスという言葉を知っていて、ニュースでキツネが話題になると、ＳＮＳなどで反射的にエキノコックス云々とつぶやいている人が割といます。不思議ですね）。

寄生虫に感染することの何が問題なのか、特にエキノコックスの何が危険なのか、どうすればエキノコックスを避けられるのか、その症状は何か、エキノコックス以外にも応用できる寄生虫対策はあるのか、仮に寄生虫に感染したようならどうすればそれを確かめられるか、感染後にどう対処すればいいかなどといったことのほうが大切な問題ですよね。こういったことを置き去りにして、「キツネ！」「エキノコックス！」と一問一答のように、断片的な情報にふれて喜ぶのは、罪がないかもしれないけど、流石に無為だという気もします。

尾田栄一郎さんの『ONE PIECE』（集英社）という漫画には、百獣のカイドウというむちゃくちゃ強いキャラが出てくるのですが、興味深いことにカイドウは、何でも質問してくる人物に対して「一問一答で動いちゃいねェんだ世の中は!!」と応答しています。これは適切な姿勢です。「キツネの寄生虫は？」「エキノコックス！」、「オルテガは何を疑うよう勧めた？」「自分自身！」と、断片的な〈知識〉を蓄えたところで、それだけでは何にもなりません。イントロクイズをやっても仕方がない。[35]

ここからわかるのは、どんな〈知識〉も、使いどころや使い方と一緒に学ばなければ仕方がないということです。その「〈知識〉の使いどころや使い方」を〈想像力〉と呼びたいと思います。ある専門家や哲学者から学ぶとき、〈知識〉だけでなく〈想像力〉を学ぶ必要があります。

ここでいう〈想像力〉は、個別の情報の運用の仕方のような「暗黙知」を指すと理解してください。〈知識〉を使うときの「ノリ」のようなものと言い換えてもいいでしょう。例えば複数の哲学者が同じ言葉や概念を使っていてもノリが違うので、どうしても概念の振る舞い（機能・役割）が微妙に違ってくることがあるため、私たちは、〈想像力〉に注目する必要があるのです。

ちなみに、レビューや要約サイトを読んで、その本を読んだ気になることの問題点もこの辺りにあります。レビューや要約からは、知識の使いどころを読み取ることができません。だから、要約だけ知って満足する人は、書籍を〈知識〉としてのみ扱い、その〈想像力〉を学ばないために努力しているようなものです。

〈知識〉と〈想像力〉の両輪で学ぶ

　ここで改めて意識する必要があるのは、どんな森に生きており、どんな問題を解決しなければならないかがわからず、問題の全体像すら掴めない状態に置かれるのが常であるということです。ＶＵＣＡ、プレカリティ、流動性、不確実性など「見通しの悪さ」や「激動の時代」を強調する言葉が日増しに増えていくほど、現代社会では唯一の正解がないとされていることは、改めて語る必要もないでしょう。

　だとすれば、現代は、どんな備えをするべきかが自明ではない時代だと言えます。「未来への確実な備えがある」と言い張る人がいるなら、それは明らかな嘘です。リスクは予測不能だから「リスク」と呼ばれるのであって、未来へのお手軽なマニュアルはありません。これさえやればいい、このマニュアルを叩きこめば絶対問題ないなんてものがあれば、人類はこんなに困ってないですよ。

　高校までの勉強みたいに、決まった範囲の事柄を暗記しておけば何にでも対処できるというように、現実はできていません。この世界は一問一答で動いていないし、特定のノウハウや思考法に沿って構築されてもいません。薄々わかっていたことかとは思いますが、改めて強調しておきたいのです。

でも、そんな未知のジャングルをどうやって歩いていけばいいのでしょうか。少し哲学っぽい用語を導入してみますね。哲学では、〈知識〉に相当するものをknowing-that（しかじかと知っていること）、〈想像力〉に相当するものをknowing-how（やり方を知っていること）と呼ぶことがあります。それぞれ、「内容知」「方法知」と訳されたりもします。これらの関係について議論した哲学者のギルバート・ライルは、knowing-howをknowing-thatに還元することはできないが、それらは相互につながっていると論じています。[*36]

ここから二つ学べることがあります。まず、これまで指摘してきたように、〈知識〉さえあればいいという話にはなりません（knowing-howをknowing-thatに回収することはできないので）。加えて、「〈想像力〉を身につけるにあたって〈知識〉を軽視することはできず、それらを切り離して学ぼうとすることは無理筋だ」ということも言えます。川や海、釣り竿や魚の生態などに関する具体的な知識抜きに、「釣り方」だけを抽象的に学ぼうとするのは、かえって難しいでしょう。具体的な〈知識〉から切り離された形で、方法やノウハウ、思考法の類だけを学ぶのは諦めたほうがよさそうです。このように知識獲得は、決して軽んじるべきものではありません。

本節では、あくまでもknowing-that（知識）とknowing-how（想像力）は両輪で学んでいく必要があるということがわかりました。実際、「シダ植物は花を咲かせることがない」などという事実をただ覚えていることも、ある植物学者の真似をして似た植物の葉の違いを比べるという方法を形だけ取り入れることも、森を歩き回ることの助けにはならなさそうですよね。

生態学者やパークレンジャーの持つ〈知識〉と〈想像力〉は、写真家、庭師、歌人、測量士、社会学者、建築家とは違っているはずです。そして、専門的な哲学者は、哲学なりの蓄積を利用して、森を歩くための技術――〈知識〉と〈想像力〉――を提示することができます。それはどんなものでしょうか。次はそれを見に行きましょう。

2500年分、問題解決の知見をインストールする

そもそも、哲学とはなんでしょうか。それがわからなければ、「哲学者には、哲学者な

りの森を歩く技術がある」などと言われても困りますよね。哲学者は、どんな〈知識〉と〈想像力〉を持っているのでしょうか。

哲学者のアルフレッド・ノース・ホワイトヘッドは、西洋の哲学的伝統の特徴を説明するにあたって、西洋哲学は「プラトンに対する一連の注釈から成る」と述べたことがあります。2500年前に古代ギリシアのプラトンが始めた豊かな議論にその時代・地域が誇る碩学《せきがく》たちが参加し、バトンタッチしながら現在に至るまで哲学をアップデートし続けているということです。

哲学するとは、プラトンに始まる一連の会話に参加することだと私は考えています。その見方からすると、哲学は、ただ考えることではなく、連綿と続く知の巨人たちの言葉を聴きながら考えることにほかなりません。

「哲学（philosophy）」という言葉一つを聞くだけで、哲学に熟達した人の耳には、古代ギリシアに始まり、様々な地域や時代、いろいろな言語で積み重ねられてきた無数の会話や議論が聴こえてきます。2500年分の思索の軌跡です。こんなロングランヒットは、なかなかないですよね。

そもそも、私たちは天才ではありません。周りの人よりも少し突飛なことを思いついたり、雄弁に話すことができたり、調べ物や話の整理がうまかったりするのかもしれないけれど、それだけでは天才とは言えないでしょう。
しかし、哲学の歴史に名を残し、読み直されている人たちは、文句のつけようのない天才です。彼らは、同時代の天才たちとの競争を勝ち抜いただけでなく、メディア戦略でも成功して「古典」となり、後世でも読み直され続ける地位を得ているという幸運の持ち主です。[＊37]
こうして彫琢《ちょうたく》されてきた一連の思考、連綿と続く会話が書籍や論文の形で記録されているわけです。そうした「古典」には、立ち返り、読み返すだけの魅力があります。では、どのような魅力があるのか。哲学の魅力は、「哲学が天才たちの問題解決の歴史を活用して考えてきた」ところに由来すると私は考えています。
「哲学」と聞くと、たいていの人は、「小難しい」「抽象的」「ようわからん」といった感想が先立つのでしょう。哲学を修めた身からしても同感です。けれど、哲学者は意味もなく抽象的なことを考えたわけではありません。どれだけ抽象的に思えたとしても、哲学者本人が普遍性を志向していると述べていたとしても、哲学の議論はすべて、当時の切実な問題に対する応答にほかなりません。どんな概念や理論も、当時の社会課題に対する解決だと思えば、これまでとは違う関心を誘われるんじゃないでしょうか。

古代ギリシアに始まる会話を活かしながら、天才たちは問題解決を積み上げてきました。2500年分の問題解決の中では、様々なアイディアや有用な視点、思考パターンが試されています。それらが実際に使われている風景や現場を見ながら、自分でも見よう見まねで試してみることで、そうしたアイディアや視点を実際に使えるようになるかもしれない。

凡人である私たちは、哲学の歴史に棹《さお》さして考えることで、天才たちそのものにはなれずとも、その人たちの頭脳を借りられるということです。天才の視界をジャックすることで、彼らなら森から何を読み取り、何を手がかりとして、どう歩くのかを想像していくことができるのです。

自分の頭で考えるというより、他人の頭を借りて考える。手ぶらではなく、手がかりを使って考える。他者の力を使って考えることの楽しさや有用性を、この本を通じて体感してもらいたいと思っています。

一般的な言葉遣いとは少し違った仕方で使っていたので〈知識〉〈想像力〉と書いてきましたが、表記がわずらわしく感じてきたので山括弧を外すことにします。意味はこれまで通りなので注意してくださいね。

いきなり「自分なりに」理解するのは無茶

これまでの話を聞いて、「過去の哲学者たちの知識と想像力を参考にしながら考えるかー、なるほどなるほど！」と納得してくれた人もいるかもしれません。とはいっても、知識と想像力を学ぶというのは、実のところ、結構難しいことです。

なぜ難しいかというと、私も御多分に洩れずそうだったのですが、何かを学ぼうとする大半の人は、学んでいる内容を安易に「自分のわかる範囲」に落とし込もうとしてしまうからです。しかし、哲学に慣れない人がやってしまう「自分のわかる範囲」に落とし込む理解、つまり、自分なりに理解するやり方は、独創的というより単なる曲解である場合が多いのです。

このことを説明するために、「概念」と「思考のシステム」という用語を導入させてください。知識と想像力がワンセットになったものを、ここでは「概念」と呼びたいと思います。「概念」というと何か字面《じづら》が強いですが、ものの見方や視点のことを指していると思ってください。

そして、ある哲学者が、複数の概念をその人独自の組み合わせで結びつけた全体像、ないしその結びつきのあり方のことを、「思考のシステム」、あるいは単に「システム」(体系)と呼びたいと思います。概念のネットワーク、概念同士の関係性ですね。

最も有名な哲学者の一人であるルネ・デカルトを例にします。彼の思考のシステムに登場する「観念」という概念があります。これは、「心の中にあるイメージ」くらいの意味です。が、これだけ知っていても不十分です。「観念は心の中にあるイメージだ」というのはその通りなのですが、私たちが日常生活で「自分の心の中で、あの漫画のワンシーンを思い浮かべる」などと口にするときの「心の中」とは、指しているものが全然違うからです。

思い浮かべた漫画のワンシーンは、デカルト的な「観念」に当てはまるのですが、そもそも「観念」には、普段の私たちが「自分の外」にあると信じ、知覚しているモノ(物体)や他者、そして、自分の身体なども含まれています。つまり、感覚器官を通じて私たちの知覚に与えられている外界の対象は、すべて「観念」です。デカルトの用語法で言えば、これらはすべて、「私の心の中」に与えられていることなんですね。例えば、今読んでいるこの文字列、あるいはその文字列の黒さは、日常の私たちの感覚で言うと「心の外」にあるものですが、デカルトは、網膜への刺激を通じて私に送り込まれてきた「観念」（心の内にあるもの）だと考えます。[*38]

すでにわかったかと思いますが、「観念」だけでなく「心（精神）」や「心の内／外」という言葉にも、同じようにデカルトなりの用語法があり、つまりは、「心」をめぐるデカルト流の概念（＝知識と想像力）があります。ここに、「物体／身体」や「神」などの概念が登場し、そして……というように、独特の振る舞いをする概念を無数に組み合わせることで哲学者の思考のシステムはできあがっています。

こうした連関を無視して哲学者のことを理解しようとすると、「そんなこと言ってないんやけどな」案件になりかねないわけです。この点、もう少し詳しく考えてみましょう。

哲学を学ぶときの二つの躓《つまず》き方

これまでの議論を踏まえると、「哲学の本を読んでいて、どうにもわからん」ってなるとき、その躓き方には二通りあることがわかります。まず、哲学者の言葉を理解するとき、その使われ方（想像力）を無視するという躓き方。

デカルトは、「方法的懐疑」といって、少しでも疑わしいものはいったん退けるという議論を提示しています。何でも疑う姿勢と聞くと、多くの人が「それってビジネスに大事ですね」という好意的な反応を示すのですが、デカルトにとって、あらゆる知識や学問の存立基盤となるような〈絶対に確実なもの〉を見つけるため、いったん大げさに疑っているにすぎません。一度その基礎を見つけたら、今度は通常認められるものは順次信じるべき理由があるとして肯定されていくくらいです。

こうしたデカルトのモチベーションや議論の背景を無視して、「おお、疑いね。わかる。疑い大事ですね、ビジネスでもよく言われるし」と乗っかるのは、デカルトのパンチラインに刺激を受けただけで、哲学の学びとは言えません。ある概念を学ぶときは、その使われ方と一緒に学ぶしかない。

「心の外」と言われて、雪、光、書籍、指先のような物体を思い浮かべてしまえば、やはりデカルトの考えを読み違えてしまいます。日常的に私たちが「物体」だと思っているものは、知覚を通して私たちの心に現れているものなので、デカルト的には「心の内」にあるものです。これに対して、「えっ、私は心の『外』にあると思うけど……」と言ったとしても仕方がない。デカルトを理解するとは、デカルトの言葉遣いのノリに慣れることだからです。

日常的な語感を投影する場合だけでなく、同じ言葉を使っているからという理由で、ある哲学者のノリを別の哲学者に持ち込んだときにも、同じようなバグが生まれることも多い。例えば、プラトンの「イデア」とデカルトの「観念」は、英語で表すとどちらも〝idea〟なので、同じ意味に見える可能性がありますが、それぞれ異なった知識と想像力で構成されいて、実態は似ても似つかないほどです。

これは、違ったシステムで概念を動かそうとしているところから生じるバグです。デカルトの〝idea〟を、プラトンの〝idea〟に沿って理解することは、MacのOSでしか動かないアプリケーションを、他のOSで無理に起動しようとするときくらい無理があります。

もう一つは、思考のシステムを理解し損なうという躓き方。ある概念の使い方、その言葉をどういう風に動かせばいいかを首尾よく学ぶことができたとしても、もう一つの関門があります。それは、学んだ哲学者の複数の概念の関係づけに失敗するというものです。システムは、哲学者が組織した概念のネットワーク、概念の関係性のことです。その把握に失敗するというのは、少しイメージしづらいかもしれませんが、中学・高校・大学などの受験で取り組んだ国語の勉強を思い出してください。私たちは問題を解くとき、何が言い換えとしてイコールで結ばれていて、何と何が対比されているのかなどといったキーワードの関係性を読み解くよう促されてきたはずです。あれは、与えられた文章の中から読み取れる「システム」を理解するための作業にほかなりません。

二つの言葉が対比されているのに、その対立を読み落としたり、同じことを言い換えているのに違う話題として読んだり、AがBの原因になっているという構図を読み損ねたり、同じ言葉を文脈次第で意味を変えているのに同じ意味として理解してしまったりする。そういう関係の取り違いによって、哲学書がよくわからなくなることはあります。

いずれの躓きについても言えることですが、完璧に厳密に読むのは専門家にも難しいことですし、哲学に関心がある一般の人にそこまでのハードルが必要だとも思いません。基本的には気楽に読んでいいと思います。しかしその場合でも、どこで学びが躓きがちかという要点を押さえておくことは無駄にはならないでしょう。

それに、テニスを始めようとしている人が、「私は似ていると思うから」という理由で、卓球（テーブルテニス）と同じようにプレイする人を見かけたら、「いやまぁ好きにしたらいいけど、とにかくもういろいろ違います」という話になるじゃないですか。卓球とテニスを混ぜた競技を開発してみるのは楽しいかもしれませんが、ある程度両方知った後で、それぞれの違いを理解しながらやったほうがやっぱりいいですよね。

ありがたいことに、かなりの数の哲学者について、日本語で読める入門書や解説書が数多くあり、１０００円から高くても４０００円くらいで入手できます。新しい解釈や知見もカバーしている若い哲学の書き手も、様々な機会や媒体で自身の研究について発信しています。こういうガイドの力を借りれば、その哲学者の思考のシステムが大体どんな感じなのかを、ざっくり把握すること自体は難しくありません。

アンラーン（脱学習）する前に、ラーン（学習）せよ

どちらの躓きも、チェリーピッキング（都合のいい箇所だけを拾うこと）に関わっているように思えます。これはいろいろな分野で使われる言葉ですが、小売業の文脈だと、セール品など目立ったものや都合のいいものだけを買っていく顧客行動のことを指しています。おいしそうなチェリーだけを都合よくつまんでいく鳥に喩えられているわけですね。

概念を学ぶときにも、哲学者の思考の全体像（システム）を学ぶときにも、下手に自分なりの理解に落とし込もうとしたり、「自分がわかる範囲」だけで理解しようとしたりするせいで、「ん？　……あれ、ようわからん」ってなるんですよね。学びにとって、チェリーピッキングは天敵です。

私たちがするべきなのは、自分なりに理解することではなく、その人の概念やシステムを使えば、景色がどんな風に見えるのかを把握することです。つまり、その人の想像力（ノリ）に従って、知識を理解すること。あるいは、その人の思考のシステムに沿って、概念を動かすこと。これを怠っていきなり「自分なりに理解しようとする」のは、「守」「破」抜きに「離」をやろうとするのと同じくらい無茶です。

とはいっても、哲学者のシステム（哲学の全体像）を完璧に理解することなど、その道の専門家にとっても簡単ではありません。しかも、哲学者本人も自分の議論のポテンシャルを理解しているとも限らないのです（書き手の意図を追究するというより、書き手の提示した概念や思考パターンの可能性を追究していく辺りにこそ、哲学の見所の一つがあると私は考えているのですが、話が錯綜するので置いておきます）。そういうわけで結構難しいこともあり、「いろいろな哲学者の思考システムをインストールすべきだ」とまで言うつもりはありません。

でも、全体をしっかり理解しようというのではなく、ある哲学者の概念（知識と想像力の組み合わせ）をいくつか学ぶ程度なら、そんなにハードルはありません。ある知識をどんなノリで使っているかという想像力とセットで学ぶことです。私たちはこれを目標にしましょう。例えば、デカルトの「観念」や「心の中」という概念はもう慣れましたよね。身構えなくても、哲学者のいくつかの概念を学び取ることはそれほど難しくないのです。

ただし、チェリーピッキングに陥ることなく、適切に学んだほうがいいということは何度でも強調させてください。「チェーンソーは何でも切れるらしいから、木だけじゃなくてイワシやコピー用紙を切るときにも使えると思います」と口にするのは勝手ですが、包丁やハサミの存在を知った上でそう主張しているなら問題があります。それは「離」やオリジナリティというより、単に迷走しているだけですよね。でも哲学を学ぼうとする人が、時折やってしまうことです。

さきほど若干ふれたように、その概念を動かせる範囲ギリギリを狙うことで、その概念が魅力的な振る舞いを見せ、視野が開けるような知的景色が立ち現れるということもあります。しかし、それはゲームに慣れた人が繰り出す高等テクニックであって、初学者がいきなり狙うコマンドではありません。定石外しを狙う前に定石を身につけ、アンラーン（脱学習）する前にラーン（学習）をするのは当然の話です。[*39]

センスメイキングにも、知識と想像力が必要

さて、話の本筋は「知識」と「想像力」なので、そちらに話を戻しましょう。経営学などで「センスメイキング」という言葉が使われることがあります。[*40] センスメイキングについては、ビジネス書でもしばしば言及されるので、聞いたことのある人もいるでしょう（聞いたことがない人は、次のセクションへ飛んでも構いません）。

センスメイキングは、ある状況やデータ、事柄をどのように理解するか、捉えるかということがその後の展開に非常に大きな役割を果たしているという視点に立った議論です。英語に"It makes sense."という表現がありますが、これは「なるほど」「そういうことか」と思ったときに使う言葉ですね。センスメイキングは、説明を要する現象やデータ、状況を前にして、どういう意味づけや解釈をするかということを問題にする分野です。

つまり、センスメイキングは「解釈」を問題にしています。「解釈」と聞くと実践から遠い感じがして、「えーっ」と感じるかもしれませんが、同じ現象を前にしても、それを

どう意味づけるかで行動や戦略が一変するので、意味づけや解釈は決して机上の空論ではなく、とても実践的な行為です。[*41]

仮に人と違う角度から世界を見ることができるなら、「意味のイノベーション」を起こしたり、関係性の行き詰まりを解きほぐせたりする可能性が出てきます。組織が共有する意味を更新し、状況を変化させることへの期待が高まっているからこそ、センスメイキングには注目が集まっているのだと思います。

では、どうすれば斬新な見方ができるのか。少なくとも、様々な知識を身につける必要があります。世間一般の見方とは違って、探索的に対象を知覚する力を指す「観察力」や「思考力」は、知識のインプットと関係しているのです。[*42] そのことを考慮すれば、センスメイキングへの注目が集まったのと同時期に、ビジネス書で「教養」を謳《うた》う本が増えたことに不思議はありません。

ただし、こうした説明は、センスメイキングの一面しか捉えられていません。というのも、「雑学王のようなノリで、とにかくいろいろな断片的な情報を蓄えていれば、なんやかんやセンスメイキングが達成できる」ということにはならないからです。むやみやたらに情報を叩き込むだけの学習は、イントロクイズ向けのアプローチです。

では、どうすればいいのでしょうか。センスメイキングという言葉に隠れているもう一つの意味に注目するのがいいと思います。センスメイキングには、「あの人は服のセンスがいい」などと言うときの「センス」のニュアンスがあります。価値を見抜く能力がある、筋のいい知覚ができるということですね。感性や感受性とでも訳すことのできる「センス」です。

センスメイキングは、組織に属する人々の「解釈」を扱うわけですが、解釈なら何でもござれ、というわけではありません。センスメイキングで追求されているのは、断片的な情報を雑につなぎ合わせて、なんとなくそれっぽいことを言ってお茶を濁すことなく、優れた感受性で状況を妥当な仕方で捉え、魅力的なコンテクストを作り出していくことです。これは、情報を相応の仕方で運用する「想像力」のことを思い出させます。

要するに、センスメイキングには「解釈」と「センス」という二重のイメージが託されており、これらの言葉には、森の喩えから読み取った「知識」と「想像力」の重要性と重なることが表現されています（一対一に対応する概念ではないので、少し違った仕方ではありますが）。

「想像力を豊かにする」とは、想像力のレパートリーを増やすこと

文脈を形成する手がかりとして必要な知識、そして、それを妥当な仕方で運用する想像力について、もう十分伝わったでしょうか。これらの概念を手にすると、面白いことが見えてきます。

例えば、「あの人は想像力が豊かだ」などと口にしたりしますが、この観点から言うなら、「豊かな想像力」は、心温まるフレーズやマジックワードなどではなく、様々な想像力のレパートリーを持っている人に対する形容だと理解できます。利用可能な思考パターンとして、いろいろな人の想像力が蓄えられている状態です（想像力が知識とセットになった状態を念頭に置いて聞いてください）。

たくさんの想像力を持っている人は、いろいろな着眼点を持ち、いろいろな情報の扱い方を心得ているので、いろいろな角度から対象を探索的に知覚することができます。想像力のレパートリーを増やした分だけ、ある対象を様々な視点から見られるので、「ああかな、

いやこうも言えるな、あ、でもそうか……」と観察をどこまでも深めていけるわけですね。
しかしそれ以上に大きいのは、一つひとつの視点を絶対視しない傾向にあるということです。いろいろな想像力を持っている人は、ある視点が教えてくれた見方に固執する理由がありません。[*43]

私はよくポケモンに喩えます。敵の属性やレベル、敵味方のＨＰ（ヒットポイント）など、その状況に合わせて最適なポケモンを選んで召喚するのが定石です。そのために、いろいろなポケモンを揃えておくことが大切です。いろいろなポケモンが手元にいるなら、「ロコンでなければ戦えない」「イーブイさえいればいい」なんてことはないわけです。

哲学もこれと同じで、問題やテーマ、目的、そして相手や状況に応じて、適切な想像力を選び出せばいいのであって、ある哲学者の想像力をいくらか学んだからといって、「他の哲学者から学ぶことはできないし、そうする必要もない」ということはありません。

「想像力を豊かにする」と聞くと、あまりに漠然とした印象を抱きますが、私たちにとっては明快でシンプルです。想像力を豊かにするとは、いろいろな人たちの想像力を身につけることです。ある知識がどんな風に使われるかと想像する力。自分の想像力を鍛えるには、想像力のレパートリーを、いわば、心の中にあるイディオムを増やせばいいのです。

自分の中に多様な他者を住まわせる

想像力の豊かさは、「自分の内側に他者を住まわせていくこと」を指していると言い換えることもできます。この線でいくと、他人の頭を借りて考えられる状態は、自己の内に住んでいる多様な他者の想像力を、状況に合わせて使い分けられることを指すのだと表現できます。ただし注意すべきなのは、多様な人間が自分の中にいるということは、それらの間で微妙なすれ違いがあり、従って対話があるということです。

そう考えると、ハラスメントや倫理にもとる行動、ひどい企画や問題発言は、自己の内側に「自分みたいなやつ」しかいない状態になると起きてしまうことだと考えられるかもしれません。自分の中に「自分みたいなやつ」しかいないので、自分自身と対話（ダイアローグ）してくれる存在がない。だからこそ、何かあったときに、自分の中でブレーキがかからない。

そういうとき、思考は独り言（モノローグ）のようになります。「自分みたいなやつ」ばかりを集めるのは、壁に向かって話しかけ、跳ね返ってきた自分の声を聞く仕草にほかなりません。ここにあるのは、オルテガの批判した「エゴイズム」「迷宮」「堂々巡り」「居直り」だけです。[*44]

同じことを、「他者の想像力を自分のわかる範囲に落とし込み、自分みたいな想像力に塗り替えては意味がない」と言うこともできます。「他者の思考を学ぼうとするとき、ひとまずは相手のノリ（想像力）に沿って学ぶべきだ」と言ったのには、想像力の異質さを消してしまわないように、との意図もあったのです。

自分の中に多様な他者がいる状態、つまり多様性に富んだエコシステム（生態系）を作ることが、「豊かな想像力を持つ」という言葉の意味するところです。いわば、自分という庭を、いろいろな植物のある場所に育てることです。オルテガ的な自己への疑いのきっかけは、庭づくりのように、開かれた多様な場所として自分を育てることの中にあります。

つまるところ、がむしゃらに歩いて疲れ果てたり、クイズのような瞬発的な雑学に終始したり、学んだつもりの知識で突飛な行動をしたりしなくて済むようにするには、森のどこにどう注目し、それをどう読み解けば森を歩く手がかりを見つけられるのか、その手がかりを専門家という他者から学ぶことが大切です。そして、（自分に合わせてではなく）他者に沿って学ぶことにこそ、自分という庭を豊かにするヒントがあります。

哲学者は、たくさんの概念（知識と想像力のセット）を独自の仕方でネットワーク化しています。だから一人の哲学者を取り上げるだけでも、注意深く探索できるなら、そこに無数の想像力を見つけ出すことができるはずです。そうやって注意深くじっくりと観察するに値するシステムを提示している人が、「哲学」というフィールドには無数にいるのです。

哲学そのものについての話が長くなりましたね。次章以降では、現代社会を生きる私たちがいかに自分と向き合ってこなかったか（自分と向き合っていると思っている人も実際にはいかに迷走しているか）ということを、多角的に確認しながら、それへの対処法を探し出そうとするプロセスで、様々な想像力にふれていきます。

哲学を歩くときの三つの注意点

哲学そのものについての説明はここまでです。ここからは、いざ「未知の大地」に足を踏み入れるにあたって、参考になるだろう点について注意を促しておきたいと思います。旅のしおりのようなものですね。

以下の注意点は、これまでに部分的に説明してきたものを別の観点から説明し直したものですが、それでもすぐにはピンとこないかもしれません。しかし、どれも哲学を学ぶ上で頭の片隅に置いておくと助けになることなので、折々、読み返してみてください。

1 考えることにも練習は必要（すぐに結果を得ようとしない）

舗装された道や都会の街中を安定して歩けるからといって、それだけを根拠に「私はＫ２でもエベレストでも登れる」と考える人がいたら、「その発想は問題あるのでは……？」と思いますよね。あるいは、日本語を話せるからといって講談師や落語家のように話せるわけでも、日本語で論文を書いたり読んだりできるわけでもありません。それに、少し包丁を扱えるからといって三ツ星料理店のコック長のように料理を作ることもできません。

「何を当たり前のことを……」と思われるかもしれませんが、「思考する」「考える」ことについては、平気でこんな風に考えていませんか。私たちは、どうにかこうにか、自分で考えられます。だからこそ、何か簡単にわかった気になったり、わかりにくいものや難しいものを「無用に複雑にしている」「意味不明だ」「結局頭の中のことだ」などと言って切り捨てたりする。これでは、何にもならないですよね。

こういう問題について考えるとき、私がいつも思い出すのが古代ローマの哲学者エピクテトスです。彼は、哲学が「一時間や一日でできるものでないことは、あなた自身もわかっておられるでしょう」と述べています。[*45] 根本的な治療はいつでも時間がかかるものです。

別の場所で出てくる喩え話も、魅力的です（厳密には少し文脈が違うのですが）。

> なにごとにせよ大事なことは突如として生じるものではない。一房のブドウやイチジクもそうだ。もし今、君が私にイチジクが欲しいと言えば、「時間が必要だね」と君に答えるだろう。まず花を咲かせ、次に実をつけるようにして、さらに次にはその実が熟すようにするのだ。[*46]

一足飛びに成果を得ようとする「君」に、エピクテトスは、「そんなものは期待しないほうがいい」と言います。何かをじっと待つことが学びにおいては必要だと実感させてくれる話だと思います。当たり前のことですが、忘れがちなことですね。

本書で、すぐには理解できないことに出会ったら、リスが頬にどんぐりをとっておくように、すぐに飲み込まずにとっておいてください。雑に解釈してわかった気にならず、口に含んだまま、考え続けることが大切です。

「難しい」「ピンとこない」という感覚は、筋トレや運動で汗をかくようなもので、思考を鍛える上で避けられません。消化不良の状態を怖がらず、安易にスッキリしようとせずに、「ああかな、こうかな」と考える時間を楽しむつもりで付いてきてください。

2 使われている通りの言葉遣いをする（独自の使い方はしない）

現代アメリカを代表する哲学者に、ロバート・ブランダムという人がいます。この人は立派な髭を蓄えている哲学者で、トールキンの『指輪物語』に出てきそうなチャーミングな風体です。その彼は、「概念の把握は語の使用の修得である」と指摘しています。[*47] ある見方を身につけることは、「その言葉の使い方を身につけること」と同じだということです。

ブランダムの話は、以前定義した「概念」（特定の知識と、それを運用する想像力の適切な組み合わせ）を代入しても問題なく成立します。それを踏まえるなら、想像力のレパートリーを増やすとは、本質的に、新しい言葉の使い方をインストールすることだと言えます。

ブランダムの指摘から学べる教育的な含意は、〈「どんな風に言葉が使われているか」に注意し、その通りに使えるようにしようと思って文章を読むのが大事だ〉です。例えば、本書では、「想像力」「沈黙」「聞く」「趣味」「孤独」「孤立」「寂しさ」「対話」などといった言葉が、いくらか独特の仕方で使われています。だから、本書の概念を理解したと言えるようになるためには、これらの言葉を本書で使われている通りに使えるようになる必要があります。

言葉の使われ方を学ぼうとするときの手がかりを二つ提示しておきます。まず、学んだ概念について、具体的にも抽象的にも説明できるようにすること。つまり、抽象（概念）と具体（具体例）を自由に行き来できるようになる必要があるということです。

私自身、大学院時代に「具体例出せへんとあかんで」「例えばどういうこと？」と先生方から口酸っぱく言われました。その経験から、ある概念の具体例をいろいろ出そうとする中で、その概念をどういう感じで使えばいいかが次第に見えてくるというやり方が、新しい概念を身につけるときの近道だと考えています。

次に、条件や反実仮想を織り交ぜながら、その概念について語れること。「こういう場合だとどうなる？」「じゃあこの条件は？」という、例えば……の話をできるかどうかということです。これはちょっと高度ですが、話としては難しくありません。

「栗」「マッチ」「雌ライオン」といった概念を例に、ブランダムはこう言っています。

> 栗の木には栗の実が成る。木が未成熟であったり、病害を被っていたりしていなければ。ちゃんとできている乾いたマッチには火がつく。無酸素状態でなければ。腹を空かせた雌ライオンはレイヨウを追いかけるであろう。もしそれが火曜日であったとしても、あるいは離れたところの木にいるカブトムシが枝を少し登ったとしても。しかし、雌ライオンの心臓が鼓動を止めたとしたならば、もはやそうはならない。*48

ちゃんとその概念を知っている人なら、「こういう場合はどうなる？」「そのときはこうなる」などといったやりとりが、ある程度はできるはずです。

未成熟だと栗の実は成らないと語れない人が「栗の木のことを知っているんだ」と強弁したとしても、「いやいや嘘やろ」って思いますよね。前提条件を間違って理解してしまうと、言葉の使用法を身につけることはできません。

ともあれ、重要なのは、概念（知識と想像力）を身につけることは、言葉の使い方を身につけることとイコールだというところです。さらに言えば、その習得をチェックする上でのポイントが、概念の具体例を出すこと、そして概念のいろいろな前提条件について語れることだという話でした。

3　その哲学者の想像力に沿って読む（日常の語感を投影しない）

人文社会系の専門書を読んでいると、「本質」「理念」「超人」「政治」「社会」などいろいろな言葉が出てきます。例えば、私が専門とするジョン・デューイなら、「理想」「目的」「経験」「成長」「反省」「保守主義」「リベラリズム」などの言葉を使っています。

きっと多くの読者は、これらの言葉になんとなくイメージを持っていることでしょう。「この言葉はすごく嫌い」「ニュースではこんな意味だって解説してた」「これとこれは、よくセットで使われる」などといったイメージ（語感）です。

しかし、日常の語感をここに投影するべきではありません。あらゆる哲学者は、その人独自の想像力を持っていて、その想像力に基づいて、個々の言葉は使われているので、必ずしも私たちの言葉遣いと一致していないからです。辞書や事典も、無駄とまでは言わないまでも、あまり力にはなりません。

哲学者の東浩紀さんは、こんなことを言っています。

……哲学書に出てくるすべての言葉の日常的な意味をいったん忘れて、そして同時に日常的な感覚での理解もすべて忘れて、言葉と言葉の関係にのみ注目することです。つまり、一文一文の意味を直接に理解しようとするのではなく、「なるほど、こいつはこの言葉はいい意味で、べつの言葉は悪い意味で使ってるんだな」「この言葉とこの言葉を対立させるんだな」「この対立とこの対立はつなげるんだな」と、そうですね、まるで人間関係のゴシップを見るかのように、概念と概念の関係のみを捉えていくのです。[*49]

もちろん日常の言葉と哲学の言葉は無関係ではありません。しかし、いったん「別物」

として扱ったほうが理解しやすいくらいには違う仕方で使われています。

哲学を学ぶ上で大切なのは、頭で「理解」することです。ドラマの中の探偵や刑事は、納得や共感とは無関係に、犯人の動機や意図、行動を正確に追いかけることができます。それと同じように、哲学の研究者は、本当のところ共感していなくても、ある人の考えを十分に「理解」する能力を発達させています。だから研究者は、「ルソーは」「デューイは」「デカルトは」「ハイデガーは」「フロイトは」などと様々な、時に対立する哲学者について縦横無尽に語ることができるのです。みなさんも、自分の言葉遣いはいったん忘れて、哲学者の思考を頭で「理解」することに努めてみてください。

コラム

プラグマティズムの哲学観

この章の内容は、哲学がどんなものであり、それとどう付き合えばいいのかについての哲学です。つまり、哲学についての哲学、かっこよく言えば「メタ哲学」です。特に「プラグマティズム」と呼ばれる思想の哲学観を採用しています。

プラグマティズムでは、哲学を「答え」や「ゴール」だと捉えません。悩みの答えが哲学にあるなどとは考えないわけですね。というのも、哲学を「ありがたい答え」を与えてくれるものだと考えてしまうと、それを知れば、それ以上調べたり考えたり議論したり試したりする必要はないということになるからです。

プラグマティズムでは、哲学の様々な考えを「スタート」だと考えます。いろいろな概念や見方は、事に当たるにあたっての「手がかり」を提示するものなのです。つまり、哲学は、世界との関わり方を提案する様々な「仮説」を生み出していると捉えるわけですね。

ジョン・デューイという哲学者は、「哲学に提供できるのは仮説だけであり、しかも、取り巻く環境に対して人の心を敏感にするときにのみ、その仮説には価値がある」と語っています（『哲学の改造』岩波文庫）。ここで仮説と呼ばれているのは、世界とどのように関わればいいかという視点や提案のことで、本書ではこれを「知識」と「想像力」という言葉で分解して説明しました。プラグマティズムについて解説し始めると長いのでこの辺りに留めておきます。

これに加えてもう一つ、本書の哲学観には特徴があります。それは、「哲学者の作ってきた概念抜きに哲学する」ことを、積極的には推奨していないことです。これは、過去の哲学者など脇において、自分の直観だけに基づいて思考し、それを言葉にしていく営みなら何であれ「哲学」と呼ぼうという立場（哲学対話など）とは方向性を異にしています。

むしろ私の立場は、哲学の歴史を重視している点で、より共同体主義的（コミュニタリアン）です。数千年前に古代ギリシア辺りに始まった共同体の流れを踏まえて、その伝統を継承し、書き換え、組み伏せ、継ぎ足し、つなぎかえる営みに参加するものとして、哲学することを捉えているのです。簡単に「自分の頭で考える」とか言わずに、「他人の頭で考える」、つまり「いろいろちゃんと勉強しよう」と言うほうが、自己完結的な思考に陥るのを防ぐのに役立つだろうと思っているわけですね。

ただし、私の「哲学」の範囲は非常に緩く、通常は「哲学者」とみなされない人たちも議論に組み込んで「哲学者」に数え入れることが好きだということは言い添える必要があるかもしれません。そういう再構成を通じ、「哲学」という概念を揺らしていくわけです。その意図については後のコラムでまた取り上げましょう。

本書の立場はこんな感じですが、これでないといけないということはありませんし、歴史を重視しない哲学観もありえます。本書を読み終えたら他の本に手を伸ばし、別の哲学観と突き合わせてみてください。

＊30　書き上げてから気づいたのですが、例外があります。功利主義という立場を生みだしたジェレミー・ベンタムという哲学者の遺体が、ユニヴァーシティ・カレッジ・ロンドン（UCL）で、自己標本として飾られています。なかなかすごい話ですね。

＊31　陰謀論については、社会学者の筒井淳也さんが、社会がなぜわかりにくいのかということの説明の中で興味深い議論をしています（『社会を知るためには』ちくまプリマー新書）。また、さくら舎より刊行された『ネガティヴ・ケイパビリティで生きる』（朱喜哲さん・杉谷和哉さんとの座談本）でも陰謀論にふれています。

＊32　エピクテトス『人生談義 下巻』、393頁

＊33　インゴルドの移動論については、下記にまとめています。谷川嘉浩「ゲームはどのような移動を与えてくれるのか：マノヴィッチとインゴルドによる移動の感性論」『Replaying Japan』2巻、2020、165－175頁

＊34　ジャック・ランシエール（梶田裕・堀容子訳）『無知な教師：知性の解放について 新装版』法政大学出版局、2019

＊35　ウィキッド・プロブレムと呼ばれるタイプの社会課題など、原因が複数あって、それらが絡み合っていたり、解決策（答え）が別の問題を引き起こしたりするといった状況も珍しくありません。それゆえ、単純な一問一答を超える局面をどう作るかが大切になります。これについては、谷川嘉浩・朱喜哲・杉谷和哉『ネガティヴ・ケイパビリティで生きる』（さくら舎、2023）の第1章「『一問一答』的世界観から逃れる方法」を参照してください。

＊36　『違国日記』は『フィール・ヤング』で連載されていた」「クロールは泳法を指す言葉だ」などの内容知と、「漫画のコマ割の仕方」「クロールの泳ぎ方」のような方法知という知識のタイプを概念的に切り分け、それらの関係を考える議論については、以下の論文が示唆的でした。池吉琢磨・中山康雄「knowing-that と knowing-how の区別」『科学基礎論研究』37巻、1号、2009、1－8頁、「オープンアクセス」といって、この論文はネットで公開

されています。

哲学の言葉遣いに限った話になっているなど、この箇所の議論は、ライルの元の議論とは文脈がいろいろ違っています。ライルの当該論文は『心の概念』（みすず書房）に掲載されています。

＊37　残念ながら、「古典」には女性やセクシュアルマイノリティ、有色人種の著作が少ないなど、「古典」扱いされるかどうかの条件は決してフェアではありませんでした。ですが、様々な人物や書籍を「哲学の会話」に位置づけなおす試みもあります。

レベッカ・バクストン&リサ・ホワイティング（向井和美訳）『哲学の女王たち』晶文社、2021；コーネル・ウェスト（クリスタ・ブッシェンドルフ編、秋元由紀訳）『コーネル・ウェストが語るブラック・アメリカ』白水社、2016；メリッサ・M・シュー&キンバリー・K・ガーチャー編著（三木那由他、西條玲奈 監訳）『女の子のための西洋哲学入門』フィルムアート社、2024

＊38　さらに言えば、感覚やイメージに限らず、言葉によって表現し、理解しているものも「観念」です。つまり、「概念」や言葉の「意味」にあたるものも、デカルト的な「観念」に相当するのです。もちろんデカルトは物体を否定していません。詳しくは入門書をどうぞ。デカルトについては冨田恭彦さんの『デカルト入門講義』（ちくま学芸文庫、2019）がおすすめです。

＊39　これまでも注などで時折断ってきましたが、この本自体は、アンラーン寄りの成果物です。つまり、諸々の概念が魅力的な挙動を見せるところに焦点を絞り、複数の哲学者をまたいで概念を組み合わせ、新しい「思考のシステム」を作ろうとしています。

＊40　このセンスメイキングの話は、以下の文章に基づいています。「哲学者の個人技に基づくビジネスとの協働：クリ

スチャン・マスビアウ『センスメイキング』を読む」『フィルカル』５（３）、２０２０、144-147

センスメイキング論のベースになっている、カール・ワイクの『センスメーキング・イン・オーガニゼーションズ』（文眞堂）などの議論は、哲学などの人文社会系の諸学問を摂取して構築されており、スッキリしたビジネス書や自己啓発書に慣れた読者からは難渋だとされています。用語法に馴染んでいないため、それぞれの言葉の振る舞いが見えにくいのだと思います。

＊41　解釈となると主観的だし、客観性に乏しいので、行動データを集めて解析すれば、エビデンスがあるマーケティングや組織運営ができて云々と言いたくなる人がいるかもしれません。しかし、統計的データを扱う際にも、指標の設定やデータの集め方、解析手法の選定、データの提示の仕方、解析結果から何を読み取るかなど、いろいろな局面で分析者の解釈が入ることは避けられません。また、それが組織の指針として採用されるときの意思決定過程、あるいは現場で実行されるプロセスにおいて、データとは直接関係のない事情が関わってきます。そもそも、解釈が主観的でデータは客観的という対比は、あまりにざっくりしていて機能しないのです。公共政策が主題ですが、この論点については、杉谷和哉さんの『政策にエビデンスは必要なのか』（ミネルヴァ書房）や『日本の政策はなぜ機能しないのか？』（光文社新書）がとても参考になります。

＊42　知識と知覚の関係については、源河亨『「美味しい」とは何か：食からひもとく美学入門』（中公新書）で、食事に限った話ではあるものの、説得力ある論証がなされていて参考になります。

＊43　この論点は、本書の後半で、ネガティヴ・ケイパビリティという概念、そして、加持やカヴェルなどの思想を手がかりに深めていきます。

＊44　自己対話としての思考については、第３章、第４章で詳しく掘り下げます。

＊45 エピクテトス（國方栄二訳）『人生談義 上巻』岩波文庫、2020、85頁
＊46 同前、100頁
＊47 ロバート・ブランダム（加藤隆文ほか訳）『プラグマティズムはどこから来て、どこへ行くのか 上巻』勁草書房、2020、165頁
＊48 同前、189頁
＊49 「【#ゲンロン友の声】哲学書はどう読めばいいのでしょうか?」webゲンロン https://webgenron.com/articles/voice20181012_01/ 東さんは、本書で言う「システム」のことを念頭に置いていますが、個々の概念の振る舞いを理解するときにも、「日常の語感を投影するな」「言葉同士の関係を見ろ」という助言は役に立ちます。

第3章

常時接続で失われた〈孤独〉——スマホ時代の哲学

現代社会のライフスタイルにおいて、もはや「スマホ」は不可欠なものになっている。スマホは私たちをどう変えたのだろうか。

その問いとともに自分たちの暮らしを振り返ると、〈孤独〉という論点が浮かび上がってくる。〈孤独〉と聞くと、避けるべきものに思えるかもしれない。だが私たちは、〈孤独〉を意識的に確保したほうがいい。では、なぜそうすべきなのか。

〈孤独〉〈孤立〉〈寂しさ〉などの言葉を区別しながら、スマホ時代の暮らしをめぐる哲学の冒険をもう一歩先に進めよう。

スマホが変えてしまった、私たちの社会

すっかり回り道をして忘れてしまった方もいると思うので、復習から始めましょう。第1章の終盤で述べたように、即時的な満足を与えてくれる感覚刺激やコミュニケーションにいつでもアクセスできる状況にあって、「消化しきれなさ」「難しさ」「モヤモヤ」といった時間もコストもかかるものは人気がなくなっています。その上で、なぜこれを生活に取り入れるべきなのか、取り入れる具体的な手立ては何なのか、そうできると何がうれしいのかといったことを、現代の社会・経済的条件を意識しながら論じたいと考えたわけです。

第1章でもスマートフォンという新しいメディアの登場に注目したので、ここではその論点を深めていきます。スマホ時代に生きるとはどういうことなのか。新しいメディアは私たちや私たちの社会をどう変えてしまったのか。そういった疑問を携えながら、「スマホ時代の哲学」をやってみようというわけです。

しかし変化について考えようとするとき、私たちは変化をもたらした出来事にだけフォーカスを合わせ、特異点扱いするきらいがあります。変化について考えようとするなら、今

の私たちだけでなく、その「前」がどうなっていたかを冷静に知る必要があります。経緯を知るには前と後の両方見ないといけないという単純な話ですが、多くの人は忘れがちです。

電信、鉄道輸送、郵便制度、映画、ラジオ、テレビ、インターネットなどといった情報技術の進歩はスピードへの期待を抱かせてきました。その期待は、実際に、よりすばやい情報のやりとりの渦へと私たちを巻き込んでいく。今やほとんど時差なく、リアルタイムに遠い地点の出来事を知ることができますよね。

アメリカ同時多発テロ事件（9・11）やエリザベス女王の死去、他国首脳のスキャンダルだって、日本国内では直接何かが起こっていないので、それを伝えるテクノロジーや報道がなければ、〝対岸の火事〟だったでしょう。にもかかわらず、私たちが衝撃を受けたのは、世界各地の発言や出来事についての情報が、リアルタイムで伝えられる世界にいるからです。通信機器の進化は、リアルタイムのやりとりを期待させます。

そうした流れを、携帯電話やスマホは加速させました。昔なら一拍置いて受け止められた出来事も、翌日に返事をすれば済んだメッセージも、今はそうはいかない。すぐに対応しなければと追い立てられる。ラグのない状態に慣れた私たちは、社会的にも、仕事面でも、プライベートでも、スピードばかり期待して、「待つ」「受け止める」ことができなくなっているところがあります。

携帯電話やスマホの登場は、単に世界のどんなところでもインターネットにつながれる「ユビキタス・コンピューティング」の時代を超え、一人が複数のデバイスを並行して使う時代の到来を意味するものでした。そのデバイスは小型なので持ち歩け、そのインターフェイス上でマルチタスクができるだけでなく、所有するデバイス同士が相互につながっている（モノのインターネット：IoT）。

現代は、文字通りの「ユビキタス（遍在、あまねく存在する）」な接続が可能になった時代であるだけでなく、膨大な刺激やコミュニケーションを並行処理しており、そのマルチタスキングぶりを自分でも気にしなくなる時代だと言えるかもしれません。

IT大手のシスコ社が2020年2月に出したレポート（Cisco Annual Internet Report 2018–2023）では、2023年までに世界のデバイス数は293億台（1人あたり約3・6台）になる見込みで、デバイス同士の接続がなされているものの数は、全デバイスのうち147億台になると推定されています。

ラグのないコミュニケーションへの期待が高まること自体は以前からあることではある

ものの、膨大なデバイスに囲まれ、対面的な相互作用とは別に、それぞれのデバイスで複数のコミュニケーションや作業を並列処理している時代が、それ以前と全く同じかというと、そうではありません。では、結局のところ、このメディア環境の変化は何をもたらしているのでしょうか。

「常時接続の世界」で忘れられた感覚

そもそも、スマホ時代の哲学といっても、そんなもの急に始められるのかと思う人もいるでしょうが、広義の携帯電話についてはいろいろな研究があります。私がとても好きな研究者に、シェリー・タークルというＭＩＴ（マサチューセッツ工科大学）の心理学者がいるのですが、彼女は２０１１年に出された本で興味深いエピソードを紹介しています。

それほど前の話ではないが、私が教えている大学院生の１人が、ある体験を話してくれた。彼が友人とＭＩＴのキャンパスを歩いていたとき、その友人が携帯にかかってきた電話に出たというのだ。彼はそれが信じられなかったと言う。怒りをにじませた

口調で、「彼は僕の話を保留にしたんですよ。どこまで話したか僕が覚えていて、彼の電話が終わったら、そこから始めろということですか?」と言った。当時は、彼の友人の行動は無礼で周囲を戸惑わせるものだった。だが、それからほんの2、3年で、それは当たり前の行動になった。[*50]

携帯電話が急速に普及した当時、対面での会話を保留して、モバイル端末で「ここにいない人間」の対応を優先することに当時の人は驚愕し、戸惑っていたということです。もう忘れて久しい感覚かもしれません。[*51]

タークルが警戒心を示すのは、画面の向こう側のやりとりや刺激を優先して、対面の関係性や会話を保留するという新しい行動様式をモバイル端末が可能にしたことです。家で映画を観ていても、誰かと会ったり話したりしていても、テキストや電話、動画やスタンプ、ゲームやその他の様々な何かで中断してしまう。

つまり、複数のタスク（マルチタスク）と並行して、対面でのやりとりや行動を処理することに現代人は慣れてしまったのです。あるいは、対面・現実の活動も、「マルチタスキング」の一つとして組み込まれてしまうと言うべきでしょうか。並行処理すべきタスクの一つとして、現実の会話を捉える習慣がここにはあります。

物理的にある場所にいても、実際には別のところにいることは珍しくありません。信号待ちをしたり、スーパーのレジを待ったり、会議に出席していたりするとき、興味を惹くものがなくて退屈するなら、私たちはスマホを焦ったように取り出して、音楽を聴き、ＳＮＳを開き、誰かにテキストを送り、動画や記事をシェアしています。

このくらいならなんてことはありませんが、次の事例はどうでしょうか。

最近のティーンエージャーは、公園に向かって歩きながら携帯で話したりテキストを読んだりする親に育てられた。親は片手でテキストを打ちながら、もう一方の手でブランコを押していた。ジャングルジムの子どもを見上げながら電話をしていた。ティーンエージャーたちは、送り迎えの車中でも、家族でディズニーのビデオを観ているときも、親たちがモバイル機器を使っていたという話をする。[＊52]

同じく２０１１年のタークルの本からです。電話というのがピンとこなければ、ＳＮＳや動画サイトなどと置き換えてください。

もちろんこれは一概に責められるものではないでしょう。例えば、大人が観るにはいささか単調な同じ映画を、一緒に観てくれと何度も何度もせがまれることが微妙な気持ちにさせることは想像するまでもありません。思わずスマホを取り出したくもなるはずです。それに、親しい人との食事中にスマホを触るなど、今日ではもはやよくあることですよね。持ち歩けるデバイスを使って、ここではないどこかで別の情報を得たり、別のコミュニケーションに参加したりすることが可能になった状況を、タークルは「常時接続の世界」と呼びました。スマホ時代の哲学のキーワードは、「常時接続」です。常時接続の世界において生活をマルチタスクで取り囲んだ結果、何一つ集中していない希薄な状態について、特に人間関係の希薄さを念頭に「つながっていても一人ぼっち（connected, but alone）」と彼女は表現しています。

〈孤立〉の喪失
――反射的なコミュニケーションがもたらした注意の分散

メディア論では、「人の感覚がテクノロジーによって書き換えられていく」という考え方をすることがよくあります。「技術は中立的なものだ」と語る人がたまにいますが、これは実状に反しています。実際には、新たなテクノロジーは普及するにつれて、行動様式、感じ方や捉え方、ものの見方を具体的に変えていくのです。

技術が感性のあり方を左右していくのだとすれば、スマホを手にした私たちはどう変わってしまったのでしょうか。問題点について考えるわけなので、この変化によって失われたものにフォーカスしてみましょう。技術について考える中で、私たちは原理的な問い、平たく言えば「そもそも論」に巻き込まれていくとタークルは言います。「私たちは本当に重要なものは何かという疑問に立ち返っていく」ことになるのだと。[*53] スマホの先にある「本当に重要なもの」とは何でしょうか。

常時接続の世界で失われたもの。いろいろな論者の見解を私なりに整理して総合するなら、それは二つの観点から説明できます。それは、〈孤立〉と〈孤独〉です。それぞれについて言い換えれば、他者から切り離されて何かに集中している状態と、自分自身と対話している状態のことです。

常時接続の世界の行動について立ち止まって考えればわかることですが、私たちは、反射的なコミュニケーションを積み重ねています。いろいろなものを保留しながら、短いテキストやアクションで表面的な返答を順次していく。

例えば、こんな光景はありふれたものでしょう。対面で誰かと話しているときに、スタンプと短いテキストで4人にLINEを返し、フリマアプリからのお知らせをスルーして、早送り機能でソシャゲのストーリーを進め、X（旧Twitter）でいくつかの記事を熟読せずにリポストし、Instagramで気に入ったインフルエンサーの薦める服を保存しておく。

ここで失われているのが〈孤立〉です。何か一つのことに取り組み、それに集中するにはあまりに気が散っていて、いろいろなコミュニケーションや感覚刺激の多様性が、一つのことに没頭することを妨げてしまっています。ここで念頭に置かれている「〈孤立〉の喪失」は、マルチタスキングによる注意の分散のことであり、これは、メディア技術が可能にした「アテンションエコノミー（注意経済）」の一つの帰結でもあります。

アテンションエコノミーとスマホが集中を奪っていく

インターネットでは、広告や利用者の囲い込みなどをベースに成り立っているビジネスが多いですが、アテンションエコノミーは、そうした環境で成り立つ経済のあり方のことです。具体的には、情報の内実や質よりも、人の注目それ自体が価値を持つことを指しています。

アテンションエコノミーにおいては、コンテンツ、広告、製品、サービス、ウェブプラットフォーム、オンラインサロン、YouTubeチャンネル、インフルエンサーなどのいずれも、どれくらいの人がそれに注目し、クリック数や購入者数、登録者数、売上などがどれくらい具体的に動いているかという、数量的な「動員」(エンゲージメント)こそが問題になります。

あらゆる人間やイベント、商品などがアテンション(=注意)を奪うことに最適化しています。商品やサービスが私たちの注意を奪い合うだけでなく、私たち自身も、SNSの発信を通じてそうした注意の奪い合いに参加しています。

この消費環境は明らかに注意の分散に貢献していますが、別に企業や技術だけのせいでもありません。私たち自身が、日夜スマホを通じて注意を分散させる試みに喜んで参加していることを進んで認める必要があるでしょう。スマホを触りながらの対面コミュニケーションでは、相手の会話は薄く聞くだけ、小難しい内容は無視する、何か聞かれたら生返事、そんなやりとりが関の山でしょう。こんな環境で、「消化しきれなさ」「モヤモヤ」「難しさ」の類を抱えておくなんてやってられないとしか思えないはずです。

残念ながら、注意の分散によっておろそかになるのは、対面のコミュニケーションだけではありません。マルチタスク的に処理しているあらゆることが、同時並行している分だけおろそかになっています。漫画を読むことも、電話をすることも、音楽を聴くことも、誰かとテキストをやりとりすることも、全部です。

さらに悪いニュースとして、タークルが危惧する以上のことが起こっています。つまり、スマホを通じて注意を分散することに慣れた私たちは、スマホを使っていないときでさえ、気もそぞろで対面のやりとりをしているらしいのです。

いくつかの研究が示唆するところでは、スマホを触っていなくても、そこにスマホがあるという事実が、対面の会話に影響を与えている可能性があります。[*54] 具体的には、スマホがあるだけで会話での共感レベルが下がり、話題がスマホに左右される恐れがあり、自他の感情や心理状態への注意が削がれかねないのです。

恐らくこの背景には、注意の分散があるのでしょう。一つのことに十分注意を向けて、それについてあれこれ考える習慣そのものが衰退しているのだとすれば、やはり〈孤立〉が重要になってきます。ここでいう〈孤立〉とは、気を散らされる事態から距離をとることです。

いろいろな事柄や相手に注意が分散しているわけですから、対面での会話が作業するようにこなされてしまうのは当然です。反射的なコミュニケーションで自分を取り巻くことは、相手の人格や心理状態を想像しないようにと日夜練習を積み重ねているようなものです。マルチタスク化した生活がもたらす〈孤立〉の喪失は、なかなか問題がありそうです。

〈孤独〉の喪失——自分自身と過ごせない状態

常時接続の世界では、〈孤立〉だけでなく〈孤独〉もまた失われつつあるという話でした。〈孤立〉は、注意を分散させず、一つのことに集中する力に関係するのに対して、〈孤独〉は、自分自身と対話する力に関わっています。

やはりタークルが、印象深い事例を挙げているので、これを手がかりにしましょう。

先日、仲がよかった友人の追悼式に出席したとき、プログラムが書かれたクリーム色のカードが用意されていた。そこには弔辞を述べる人の名前、音楽を演奏する人の名前や曲名、そして若く美しかったころの友人の写真が載っていた。私のまわりの何人かは、そのプログラムで携帯電話を隠し、式のあいだにテキストを送っていた。

その中の1人、60代後半とおぼしき女性が、式のあと私のそばに来て、当たり前のような口調で「あんな長い時間、電話なしで座っているなんて無理ね」と言った。式の目的は、時間をとってその人に思いをはせることではないのか。この女性は、手にして10年にも満たないテクノロジーのせいで、それができなくなっているのだ。[*55]

これが〈孤独〉を欠いた状態の一例です。心当たりのある人もいるでしょうか。

実は私自身そうです。祖母の葬式に出て遺体が焼かれるのを待っているとき、スマホを触りたくて仕方がなかったことがあります。そのときの私は、「うまく言えないけど、そうしないほうがいいだろう」と思って、電源を落とし、鞄の奥にしまいました。

代わりに、外の風景をただ眺めたり、近くにいる親戚と何でもない話をしたり、ただ沈黙したり、頭の片隅に浮かんだことを手帳に書いて整理したりしました。ただ、そうしている間も、スマートフォンの電源をつけようか、あるいはテレビのあるところにでも行こうかという思いが頭によぎっていました。

ここで失われ（かけてい）たものが、〈孤独〉です。退屈に耐えきれず、何か刺激やコミュニケーションを求めてしまう。自分自身と過ごすことができないということです。〈孤独〉という言葉を通して、刺激を求めたり他者への反応を優先したりすることなく、自分一人で時間を過ごすことの重要性が語られているわけですね。[*56]

〈孤立〉の中で〈孤独〉になれる――ハンナ・アーレントの哲学

ただし、〈孤独〉といっても、これは「自分自身と過ごすこと」をフラットに指す言葉なので、否定的な含みがないことに留意する必要があります。そうはいっても、悪い印象を持ってしまう人も多いでしょう。その疑問を払拭するためにも、どうして〈孤独〉が必要なのかという問いに、ハンナ・アーレントという哲学者の想像力を借りて迫ってみたいと思います。

アーレントは、「一人であること」を三つの様式に分けています。それが、〈孤立（isolation）〉〈孤独（solitude）〉〈寂しさ（loneliness）〉です。この補助線を引けば、多少見通しがよくなり、

〈孤独〉と〈孤立〉の関係も見えてきます。順に見ていきましょう。
アーレントは、他の人とのつながりが断たれた状態を〈孤立〉と呼びました。[*57] 言い換えると、〈孤立〉は、何らかのことを成し遂げるために必要な、誰にも邪魔されずにいる状態を指しています。創造的なことでなくても、何かに集中して取り組むためには誰かが介在してはなりません。例えば「何かを学んだり、一冊の書物を読んだりする」ときなどに、「他の人の存在から守られていることが必要になる」ように。[*58]
要するに、何かに集中して取り組むために、一定程度以上求められるのが、この物理的な隔絶状態です。この意味で、〈孤立〉は、何かに集中的に注意を向けるための条件になっていることがわかります。
それに対して〈孤独〉は「沈黙の内に自らとともにあるという存在のあり方」だと説明されます。ちょっとおしゃれな言い方でニュアンスを酌みにくいと思いますが、〈孤独〉にあるときの私たちは、心静かに自分自身と対話するように「思考」しているということです。アーレントは、私が自分自身と過ごしながら、「自分に起こるすべてのことについて、自らと対話する」という「思考」を実現するものだとも表現しています。[*59] 葬式の最中にデジタルデバイスを触りたがった老女は、悲しみを受け止める場を退屈に感じ、「沈黙の内に自らとともにある」ことができていなかったわけです。

しかし、人から話しかけられたり、余計な刺激が入ったりすると、自己との対話(＝思考)は中断されてしまいます。この意味で〈孤立〉は、〈孤独〉とそれに伴う自己対話のための必要条件にほかなりません。〈孤立〉抜きに〈孤独〉は得られないということです。

常時接続の世界における〈孤独〉と〈寂しさ〉の行方

より興味深いのは、「一人であること」の三様式の残りの一つである〈寂しさ〉です。アーレントは、〈孤独〉と〈寂しさ〉を区別するとき、〈孤独〉が〈孤立〉(＝一人でいること)を必要とするのに対して、〈寂しさ〉は、「他の人々と一緒にいるときに最もはっきりあらわれてくる」と述べています。[*60]

〈寂しさ〉は、いろいろな人に囲まれているはずなのに、自分はたった一人だと感じていて、そんな自分を抱えきれずに他者を依存的に求めてしまう状態です。どうにも不安で、仕事が虚しくて、友人や家族とうまくいかないのが苦しくて、誰にも理解されない感覚があって、退屈を抱えきれなくて他者や刺激を求めてしまう。たいていの人が、これに心当たりがあると思います。
実際、〈寂しさ〉は旧来的な共同体が崩壊した都市社会に生きる現代人に、宿業《しゅくごう》のようにのしかかるものだとアーレントは考えていました。[*61] 私たちはみな、どこにいてもアットホームな気持ちになれない余所者（故郷喪失者）のような心理になる素質を持っており、その気持ちを忘れるために、何かや誰かと一緒にいたいと望む寂しがり屋なのです。[*62]
スマホという新しいメディアは、〈寂しさ〉からくる「つながりたい」「退屈を埋めたい」などというニーズにうまく応答してくれます。スマホは、いつでもどこでも使えるだけでなく、スマホを含む様々な情報技術が、私たちのタスクを複数化し、並行処理を可能にしています。コミュニケーションも娯楽もその他の刺激も流し込み、自己対話を止めて感覚刺激の渦に巻き込んでくれるマルチタスキングは、つながりへの欲望も、退屈や不安も覆い隠してくれます。
しかし、〈寂しさ〉からくるマルチタスキングは、いろいろな刺激の断片を矢継ぎ早に与えるものなので、一つ一つのタスクへの没頭がありません。そうすると、ふとした瞬間に立ち止まったとき、「あれは何だったんだ」と虚しくなったり、つながりの希薄さ（つながっていても一人ぼっち）を実感したりすることになります。

常時接続が可能になったスマホ時代において、〈孤立〉は腐食し、それゆえに〈孤独〉も奪われる一方で、〈寂しさ〉が加速してしまうにもかかわらず、私たちはそうした存在の仕方の危うさに気づいていないように思えます。これまで論じてきた問題点に、スマホというメディアの特性を重ねると、〈寂しさ〉という問題が前景化してくるということです。

ニーチェが「私たちは自分から逃避している」と述べ、オルテガがエゴイズムの迷宮で堂々巡りするさまを批判した様子と、アーレントが重なって見えてきたでしょうか。ちなみに、〈寂しさ〉と〈孤独〉の区別は、アーレントの勝手な発案というより、哲学ではそこそこ馴染み深いものです。アーレント自身、最初に都市社会が実現された古代ローマにまでこの区別は遡れると指摘してエピクテトスの名前を挙げていますし、アーレントと同時代の神学者パウル・ティリッヒも同じ区別に言及しています。[*63]

さて、日常の語感とは違う特別な意味があるというシグナルとして山括弧を付けてきましたが、わずらわしいのでこの辺りで止めておきましょう。

ちゃんと傷つくための孤独

アーレントは、孤独という存在の仕方を「一人の中に二人いる（two-in-one）」と表現することがあります。孤独における「思考」とは、自分と自分自身における対話だということです。自分の内側に異なる存在が複数いて、それらが話し合っている。これは、第2章で論じた「自分の中に他者を住まわせる」という話題に通じるものです。つまり、自分の中に他者を住まわせるとは、自分を複数化することなのです。

以前話したこととつながっているとなると、「なるほど孤独は大切だ」と同意してくれるかもしれません。それでも今一度、自己対話や孤独が大切な理由について考えてみましょう。

恐らく、別離や喪失といった衝撃に対する私たちの反応を例にとるのがわかりやすいと思います。自己を揺さぶるような出来事、大きな戸惑いを引き起こす事件が起こったとき、スマホで誰かや何かとつながり、刺激や娯楽で自分を取り巻くことで、早々にスッキリすべきでしょうか。

スマホを手にしている私たちは、こうした不安や戸惑いをＳＮＳやブログに書いたり、配信で喋ったり、誰かに連絡を取って延々と話を聞いてもらったりすることができてしまいます。自分の中に不安の置き所を作ろうと咀嚼する前に、スマホを通じた「発信」や「接続」によって、不安や動揺を（少なくとも一時的に）覆い尽くすだけの刺激やコミュニケーションに私たちはアクセスしてしまえるのです。

しかし、自己を揺さぶり、まともではいられないほどのショックを受けているにもかかわらず、無理に平静や落ち着きを装い続けることは、必ずしも望ましくありません。深い悲哀や切実な苦痛のきっかけとなった体験と向き合い、苦しみながらも自分なりの置き所を少しずつ見つけていくことをせず、ただ衝撃に蓋をするだけでは、出来事を「なかったこと」にしているにすぎないからです。そういう人は、しばらく経った後に、抑えがたい悲しみに襲われ、抑鬱状態になることもあります。

死別で深い衝撃を受けたとき、何度も同じ悲しみの経験に立ち返り、そのことと対峙することがあります。この営みのことを、精神分析学では「喪の作業（mourning work）」と呼びます。“mourn”には、「嘆く」「弔う」「悼む」という意味があるので、このように訳されているわけですね。

喪の作業を進める上で、どこかのタイミングで（たいていは折にふれて）、孤独を持つことが大切になってきます。今の自分を維持できないほどの大きな衝撃を受けた人は、そこから何らかの問いや謎を汲み上げて、生活を新しく意味づけ直すことで、目を背けたい出来事や関係性と折り合いをつけ、和解する必要があるからです。喪の作業とは、そのプロセスのことを指しているとさえ言えます。

喪に伴う孤独は、様々な物語の中で主題的に扱われてきました。例えば、アカデミー賞国際長編映画賞を受賞した映画「ドライブ・マイ・カー」（2021）には、「僕は、正しく傷つくべきだった」という言葉が出てきますが、これは、広い意味での「喪の作業」の必要性を指摘するものと理解できます。

「ドライブ・マイ・カー」の原作の一つにあたる短編「木野」にも、こんなフレーズが出てきます。

――

「傷ついたんでしょう、少しぐらいは?」と妻は彼に尋ねた。「僕もやはり人間だから、傷つくことは傷つく」と木野は答えた。でもそれは本当ではない。少なくとも半分は嘘だ。〔…〕本物の痛みを感じるべきときに、おれは肝心の感覚を押し殺してしまった。痛切なものを引き受けたくなかったから、真実と正面から向かい合うことを回避し、その結果こうして中身のない虚ろな心を抱き続けることになった。[*64]

なかなか印象深いですよね。彼の言葉を借りるなら、自分のあり方が動揺しているとき、「肝心の感覚を押し殺」さずに「痛切なものを引き受け」るためにも、孤独は必要なのです。

自分の情緒を押し殺さないために

自分を維持できないほど深刻な衝撃を受けたとき、その衝撃を否定したり、無関心を装ったりするのではなく、自分の気分に耳を澄ませ、衝撃の傷を引き受け直していく作業は大切なことです。そのとき、寂しさは天敵です。いろいろな人や物事とひっきりなしにつながった状態では、その刺激にわずらわされて、自分自身と話し合いを進めながら慎重に物事を理解していくことができないからです。

別離や喪失を例に話してきましたが、冷静ではいられなくなるほどの衝撃的な出来事はいろいろありうるはずです。知人が亡くなった、家族が大病で入院した、ハラスメントを受けた、ハラスメントをしてしまった、新型コロナウイルスが流行した、身を捧げた会社で閑職に追いやられた、仕事で大きな挫折を経験した、友人に裏切られた——。

そういうとき、衝撃を抱えきれず、自分の感情・感覚を直視できないからといって、Xに実況的に語ったり、その出来事の写真を反射的に撮ってシェアしたり、友人にLINEして感情を埋めてもらったりすべきでしょうか。恐怖や悲しみ、不安が手に余るのは誰しも同じなので、そうしたくなる気持ちはわかります。

もちろん、動揺を鎮めるのに他者とのやりとりが要らないと言いたいわけではありません。ただ、他者の見えるところに、勢い余って自分の感情や感覚を何でもかんでもリアルタイムでシェアしてしまうと、衝撃そのものや、衝撃を自分がどう感じているのかといったことを見つめる暇がないのも事実です。SNSのように他者の目があるところで語る言葉は、他者からの暗黙の期待に沿ってほとんど無意識に調整されてしまうことにもなるでしょう。

衝撃と向き合うには孤独が必要であり、いつでも何でも安易にネットに発信したり、誰かとすぐにつながってばかりいたりするのは、何か大事なことを見失うための努力をしているようなものです。スマホに慣れた現代人は、動揺への対応については不器用に思えます。

交通事故の現場で近くにいる人の多くがスマホを向けたり、フリック入力していたりすることがあります。警察などに電話し、自分に危険が及ばない範囲で怪我人を助け出そうとすることは当然として、それ以外に私たちにできることがあるとすれば、ただどうしようもなく驚き、取り乱すことではないでしょうか。恐怖や悲しみ、不安を「なかったこと」にするために、コミュニケーションのネタにすることではなくて。

私が交通事故現場に居合わせたとき、実際にそういう状況になりました。周囲の人が事態ではなくスマホに向かい合っていたことが、心にずんと重く残っています。しかし、そういった人の様子に衝撃を受け、怒りのあまり批判をネットに書き込むというのも同じ轍を踏んでいると思います。そうやって反射的に、リアルタイムで動揺を実況し、配信することで、スッキリさせて本当にいいのでしょうか。心配し、取り乱し、動揺することから逃げるために、スマホを取り出して、そこにいない誰かとつながることを優先するというのは、何かボタンを掛け違えている気がしてなりません。

自分の感情や感覚を何かで埋めたり押し殺したりせず、適切に理解し位置づけていくためには、自分の心を浸している情緒に目を向ける必要があります。そのために、孤立が必要です。スマホを使って安易に接続したり、刺激を入れたりしないことです。そうしてはじめて、私たちは自分自身を見つめ、自分自身と対話していく反芻処理の時間を、つまり孤独を持つことができると考えるべきではないでしょうか。

うれしい経験をしたときにも孤独は必要

こういう話をすると、「ああ、なるほどよくわかりました。孤独は、悲しい出来事のショックを受け入れる上で重要だということですね」と思われるかもしれません。それはそうなのですが、人が衝撃を受けるのは、うれしい経験をしたときも同じです。

これまで説明に使ってきた事例が、別離や喪失のようなネガティヴな体験に偏っていたので仕方がないことですが、孤独をトラウマとだけ結び付けて理解しないでください。孤独が大切になるのは、自己のあり方が揺さぶられ、不安や戸惑いに襲われるような衝撃を受けたときです。ポジティヴな出来事に接したときでも、こうした動揺にさらされることはありますよね。

例えば、急に昇進して責任が増える、大きな仕事を成功させて社内評価が上がる、宝くじで急に億万長者になる、結婚する、子どもが生まれる、抑圧的な親が急に自分に優しくしてくるなどといったことも、やはり自分を動揺させる出来事には違いなく、大きなストレス要因になりえます。ここでも、外から情報を入れたり、外に向けて反応したりするのではなくて、自分と対話する時間、自分と向き合う時間は必要なのです。

ちょっとした喩え話として、ホラー映画の「来る」（２０１８）を見てみましょう。映画の序盤では、子どもの誕生を控えた男女が登場します。男性の側（妻夫木聡さん）は、人当たりがいい（というか外面がいい）のですが、家族やパートナーとしては実に頼りなく、困っているときに何の助けにもならない人物として描かれています。ソーシャルな関係にばかり力を注ぎ、親密圏には目を向けないのです。

この男性は、パートナーに向き合ったり、子育てについて話し合ったりはしませんでした。彼がしていたのは、会社の先輩や同僚に明け透けに考えや感覚をシェアしたり、ブログに子育ての意気込みを発信したりといった、寂しさに駆られた行動ばかりです。子どもが生まれるという巨大な変化を前にした彼は、寂しさに駆られ、感情や感覚を他人やＳＮ

Sにシェアしまくり、他人を求めてばかりいたんですね。しかも、最も身近な人たちであるパートナーや生まれてくる赤ちゃんのことは置き去りにして。
寂しさに振り回されて常時接続していたため、彼は孤独を持つことができず、目の前の対面的関係をないがしろにした上に、父になることをめぐる自分の不安や喜びを十分見つめませんでした。その代わり、彼は世間の期待に応えて「イクメン」を演じることに力を注いでいたのです。オルテガ流にいえば、沈黙し、自分の気分や感覚を聞き取ろうとはせず、変化の兆しに目を遣って警戒することを怠ったわけですね。

この人のその後については、ホラー映画なので推して知るべし。とはいえ、このエピソードは、衝撃をなかったことにするかのように過剰に接続することで、自分や他者の感覚や感情に集中したり、自己対話を進めたりできなくなってしまうことを示す格好のメタファーだと言えるでしょう。

空いた時間をまた別のマルチタスクで埋めていないか？

衝撃的な出来事の話ばかりしすぎたので、もう少し一般的な話をしましょう。ショックがあろうがなかろうが、私たちは自分の生き方を見つめ直すときなどに、自分と対話し、思考することが必要です。つまり、たまには孤独を確保したほうがいい。しかし、現代においてそれが困難になっていることも確かです。

現代では、様々なテクノロジーやサービスによって体験が効率化されています。2022年発売のゲームからポケモンに実装された「おまかせバトル」（半自動の経験値稼ぎ）、テーマパークのファストパス、ECサイトの即日発送、ほったらかし家電、TVerやNetflixなどの倍速機能や10秒スキップ、AmazonやYouTubeなどのサジェスト（レコメンド）機能、交通系ICカードによる支払いなど、様々な時短や効率化の方法があり、いずれも生活の重要な部分を占めているでしょう。

こうした消費環境の変化は、空いた時間を私たちが有効に活用することを前提としていますが、そうした発想自体に問題が含まれています。「私たちが孤独の恩恵を受けようとしないのは、孤独になるために必要な時間を、活用すべき資源と考えるからだ」とタークルは指摘していますが、[*65]実際に、私たちは浮いた時間を孤独につながるものとして用いず、別の様々なマルチタスクで埋めてばかりいるでしょう。景色を見たり、ただ周囲の音を聴いていたりするようなダウンタイムを、スマホを手にした私たちは失ってしまいました。スマホを手に取るときには、様々な細切れのタスクを反射的に追いかけてしまっています。

「マルチタスクじゃなくて、ずっとSNS（あるいは動画）に没頭しているとき、私は孤独を感じる」などと反論したくなるかもしれません。しかし、そもそも本書の「孤独」概念は、複数の自分間での対話をもたらすものとして定義されており、SNSや動画に浸りきることは、自己対話に必要な注意を分散してしまいかねず、孤独からほど遠いのではないでしょうか。反論の文章にある「孤独」は、むしろアーレントの言う「寂しさ」を指しているように思えます。

　私はSNSで自分と向き合い、「自分の新たな面を知ることがある」と反論する人がいるかもしれません。しかし、SNSやゲームなどのオンライン生活を通じて自分と向き合い、自分を発見し、理解しようとするとき、私たちは、知らず知らずのうちにその場で暗黙に期待されている役割に合わせてしまうところがあります。タークルが指摘するように、そもそも私たちは、他人の目にさらされると、他人に合わせた自己（他人が期待する自己）へと無意識に調整してしまいます。[*66]

　そこに「スマホ」という、いつでも私たちと一緒にいるメディアが加わると、ちょっとした出来事もシェアし、「いいね」し合えるので、事情は複雑になります。私たちは、いつでもどこでも誰といても、常に膨大な他人の視線に自分をさらし続け、静かに自分に対峙する機会を逃しているかもしれないのです。

自分と対話するために、いろいろな言葉や写真の流れに目を留めて「いいね」する。自分と対話するために、自分の言葉や姿を不特定多数に見せる。自己対話の機会すらソーシャルな環境で見つけようとするとき、私たちはいろいろなものを失っていくとタークルは考えていました。

もっと感情を働かせるために、そしてもっと自分らしく感じるために、私たちは接続する。ところが、どんどん接続しながら、私たちは孤独から逃避している。そのうちに、隔絶して自己に意識を集中する能力が衰えていく。〔…〕ひとりきりで考える習慣がないと、自信をもって堂々と自分の考えを話題にのぼらせられなくなる。協調する力がつちかわれない。革新も生まれない。それは常時接続によって衰えていく、孤独を味わう能力を要するものだからだ。[*67]

SNSが加速させたアテンションエコノミーは、私たちの注意を散り散りにします。要するに、孤独は何かのために利用できる時間を用意するものではないし、ネットを通じて孤独を発見しようとすることは悪手だということです。

スマホは感情理解を鈍らせる

私たちが共有すべきスローガンは、「注意の分散に抵抗せよ、孤独を持て」です。スマホは私たちのタスクを複数化し、従ってそのために要する注意を寸断してばらばらにしています。一つのことに没頭することが難しくなっていくことの心理学的な意味についてタークルは興味深い指摘をしています。

うわの空の状態では、人が話していることに含まれる言外の感情的・非言語的意味を捉えそこないやすいし、そうした不注意さは、他者とのやりとりだけでなく、自己理解にも発揮されるというのです。つまり、タークルによると、常時接続に身を委ねて不安を「つながり」や「シェア」で埋めてばかりいると、他人だけでなく自分の感情や感覚を繊細に受け止め、掘り下げていくことがますます下手になっていきます。

実際、スマホを多用している人とそうでない人とを比較した研究では、常時接続は、感情理解に悪影響を及ぼしていると示唆されています。[*68] タークルが言うように、「ソーシャルメディアを最大限利用する人たちは、自分自身の感情を含めて、人間の感情をなかなか読み取れない」傾向にあるのです。[*69]

私たちのスマホ利用は、「一日三回、数分使うだけ」みたいな牧歌的な次元を超えています。長くスマホを触り続けるのはもちろん、細切れに何度も繰り返しスマホを使い、いろいろなアプリやSNSなど無数の刺激やコミュニケーションにふれています。こうした習慣は、他者の感情や心理状態を推測する力を衰えさせる地道な訓練を重ね、自分自身と向き合うことを避けて、自分が感じているものを押し殺すための努力でもあるのです。[*70]

ただ、難しいのは、スマホを捨てればいい、ソーシャルメディアを止めればいいという単純な話はできないということです。「デジタル・ミニマリスト」や「デジタル・デトックス」などといった言葉とともに、「SNSアカウントを消せ」「アカウントの使用を制限するんだ」という話をする人はいますが、この種の議論は単純すぎます。[*71]

公共政策学者のクリス・ベイルが書いた『ソーシャルメディア・プリズム』（みすず書房）

という本があります。これは、ＳＮＳについて考える上でこれほど面白い本はないというくらいの内容なので、ぜひ読んでほしいのですが、本書の文脈では「アカウントを削除すべきか？」と題された第7章が興味深く思われます。

社会科学者たちが、毎日15分以上Facebookを見ている18歳以上のアメリカ人３０００人ほどを集め、アカウントを一ヶ月利用停止状態にさせ、その間参加者がアカウントを再開していないことを研究者たちは注意深く確かめながら、心理状態の変化を調べたそうです。実験参加者たちはアカウント停止によって幸福度が増したと回答しており、その他の点でもポジティヴな効果が見られたようです。

うーん、いい話ですね。でも、大事なのはここからです。実験参加によるいくらかの謝金と引き換えにFacebookのアカウントを停止していた人たちは、一ヶ月にわたる実験への参加後にどうしたか。95％が調査終了から１００日以内にFacebookに戻ったそうです。面白い。「まぁでもそうかもしれんな」と思いませんか。私も、アカウント復活させてしまう気がします。

加えて、２０１８年から２０１９年にかけて、Facebookの倫理的に問題のあるターゲティング広告やデータ利用によって多くのアメリカの若者がアカウント停止運動にコミットしたことが知られていますが、その大半が単に別のプラットフォーム（InstagramやSnapchat、TikTokなど）に乗り換えていただけだったという別の調査も紹介されています。

仮にどれだけメリットがあるとしても、大半の人は脱SNSできないし、アカウントも捨てられない。だから、デジタルデバイスからも離れられない。この前提を除外せずに考える必要があるでしょう。これ抜きのどんな考えを口にしても、どうにもなりません。そして、「デメリットを知りながらも、SNSやスマホを止められない」という点にこそ、スマホ時代の哲学の難しさと、スマホについて考える重要性が表れていると私は考えています。

感覚を押し殺さずにいるために——「燃えよドラゴン」の教え①

「中身のない虚ろな心」でいたくないのなら、「肝心の感覚を押し殺」さないこと、「痛切なものを引き受け」ることは大切であり、そのために孤独、従って、孤立が必要です。しかし、肝心の感覚を押し殺さずにいるとはどういうことを意味するのでしょうか。

私の好みが入ることも否定できないのですが、こうした主題について考える上で、ブルース・リー主演の「燃えよドラゴン」（1973）が参考になると思います。「考えるな、感じろ！（Don't think, feel!）」というフレーズが出てくる映画ですが、大半の人は観たことがないでしょう。そのため、この言葉は、「ごちゃごちゃ考えずに動け」「とにかくやれ」ということを意味していると誤解されています。

たまたま観たのですが、映画のストーリー自体は、現代の娯楽水準からすると大したことはありません。それでも、「考えるな、感じろ！」に至るまでの文脈には、そんな単純な解釈を超えていく豊穣なニュアンスがありました。

まず注目すべきは、この言葉を発する直前、「情緒的内実が必要なんだ（We need emotional content.）」と語っていることです。つまり、「感じる（feel）」べきものは「情緒的内実」です。なるほど、わからん。情緒的内実とは何なんだということになるわけですが、この言葉のニュアンスを掴むために、具体的に映画の文脈を追ってみましょう。

主人公のブルース・リーが談笑しているところに、彼の弟子と思しき少年が稽古をつけてもらいにやってきます。中座した彼は、弟子に「蹴ってみなさい（kick me.）」と声をかけます。しかし、その蹴りは貧弱なものでした。

――なんだそれ、見世物か？　情緒的内実が必要なんだ。（What was that, an exhibition? We need emotional content.）

直訳してみました。蹴りには、感情が乗っかった中身が欠かせない。くらいのことでしょう。加えて、「情緒的内実がない」というのは、「肝心の感覚」を引き受けないばかりに「中身のない虚ろな心」になったという、先に見た村上春樹さんの短編「木野」を思い出させますね。

面白いことに、「情緒的内実」と口にするとき、ブルース・リーは、自分のこめかみの辺りを人差し指でトントンと叩いています。日本語字幕では「五感を研ぎ澄ませろ」と訳されているのですが、頭を指さしながら言っていることを踏まえると、変な翻訳ですよね。五感などよりもっと知的なものが含まれていそうです。「肝心の感覚を押し殺」さないためには、知的な作業が必ず必要になる。

もう一度やり直しだと言われた弟子がムッとした顔で蹴りを繰り出すと、ブルース・リーはこう返します。

──「情緒的内実」と言ったんだ。怒りじゃない。（I said 'emotional content', not anger.）

やはり単に個別の感情のことを指しているわけではなさそうです。具体的な個別の感情ではなく、自分の奥のほうでうごめく、曰く言いがたくて捉えがたい感覚のようなものでしょう。

ムッとして怒るときのような、個別具体的な感情でないとすれば何なのか。やはりまだ漠然としているように思えます。「情緒的内実」とは結局何なのでしょうか。

「考えるな、感じろ！」の本当の意味──「燃えよドラゴン」の教え②

個別の感情に囚われるのではなく、情緒的内実とともにあることが必要だという助言を受けて、弟子はもう一度蹴りを繰り出します。師の言葉で何かを掴んだのか、彼の蹴りは鋭いものでした。その蹴りに感心したブルース・リーは、弟子に話しかけます。

それだ！　やってみてどう感じた？　（That's it! How did it feel to you?）
そうですね……。（Let me think...）
考えるな、感じろ！　（Don't think, feel!）

ようやく名ゼリフが出てきましたね。「考えるな、感じろ！」。ちょっとレトリックがきいているので、順を追って解説させてください。

ブルース・リーは、弟子の蹴りに光るものを感じて、「今のがいい蹴りだ」と認め、「その蹴りをお前はどんな風に経験したのか」と聞きます。たまたま成功した蹴りにすぎない上に、なんとなくやったことは言語化しづらいものなので、弟子はすぐには答えられません。それを何とか言語化しようとして「そうですね……。（Let me think...）」と口にします。ブルース・リーはその言葉尻をとらえて、「thinkなどするな」と返したわけです。

言葉尻をとらえたセリフだから深い意味はない、なんてことはありません。文脈を踏まえると、「感じる」は、情緒的内実とともにあることの大切さを訴えるものであるのに対して、「考える」は、そうした情緒に伴っている自分の心の動きを無視するこわばった姿勢だと想定されています。ここでいうthinkとは、安易に「こうだ」「これだ」と決めつけてそれ以上考えたり、観察したりすることを止める、頭でっかちな姿勢のことです。

私たちが日常的にやっている「考える」営みを振り返ってみると、「こうだ」「これだ」と理解した途端に、その理解の外側に滲《にじ》み出てくるものが常にあることに気づきます。恐らく、「感じる」べきものはその辺りにあるはずです。*72

私なりに表現し直すなら、「情緒的内実を持つ」（＝感じる）ことを、「感情のしっぽを捕まえる」とでも言えるでしょうか。何か微細な変化や期待とのズレが生じたときに、一つの考えや単純な見方では割り切ることのできない感覚が靄《もや》のように広がっていく。理解したと思ったら、そこからこぼれ落ちていくものがある。「感情のしっぽ」とは、そうしたモヤモヤした感覚のことです。考えや理解からのこぼれや滲みへの感覚が兆したとき、その端っこを逃さないように、パッと掴んだほうがいいとブルース・リーは語っているわけです。

目先の理解（自分にわかる範囲）ではなく、滲み出すものに注意を払えというのは、これまでの議論に通じるものですね。要するに「考えるな、感じろ！」は、「自分の頭で考えただけで仕事を終えた気になるな」ということなのです。

指先に目を奪われるな
——「燃えよドラゴン」の教え③

ただし、私たちへの警句としてより重要なのは、「考えるな、感じろ！」の後に続く言葉のほうです。ブルース・リーは、空を指さしながらこう言います。

——

月を示した指先のようなものだ。指先に目を奪われるな。さもなければ、天なる光を見逃すことになる。(It is like a finger pointing away to the moon. Don't concentrate on the finger, or you will miss the heavenly glory.)

——

彼が語っているのは、指先の向こう側に広がる月や光を感知することの重要性です。安易な考えや理解をはみ出していく兆しに注意を払い、そのしっぽを捕まえること。滲み出し、こぼれ落ちるもの、つまりは「モヤモヤ」や「消化しきれなさ」のことですが、「情緒的内実」は、明らかにこれと関係しています。「情緒的内実」がなぜ大切なのかというと、「指先に目を奪われない」ことを教えてくれるからだというのです。

なぜそう言えるのかというと、「情緒的内実」には「動き」があるからです。「これだ」「こうだ」という自分の判断や意見に対して、自分の中で広がる靄のような違和感や声のことを、私は「感情のしっぽ」と呼びました。その全体像は自分でもわからず、何を言っているかも明確ではなく、声が一つでない可能性もあるにもかかわらず、何かを言っており、どこかに向かおうとしていることはわかる。「情緒的内実が必要だ」というのは、それを感じ取ること、そういう感性を持つことの必要性を訴える言葉のように思えるのです。

もう少し踏み込んで言い換えるなら、月と指先に関する指摘は「方向感覚」の重要性を意味するものとして読み解くことができます。判断や意見は、答えや結論を意味するものというより、「あっちかな」「いやこっちだ」「そっちはまずい」というように、自分たちの進む方向を考えるためのとっかかりにすぎません。つまり、自分の判断や意見を答えやゴールとして扱わずに、それからこぼれ落ちるものも含めて尊重して、そのすべてを自分を導いていく方向感覚として捉えろということです。

以上からわかるように、「考えるな、感じろ!」は、ごちゃごちゃ言わずに行動しろという助言ではないし、何も考えずに決断することの推奨でもありません。それは、抑圧され、押し殺していた「肝心の感覚」に耳を澄ませ、それがどんな方向へと私たちを導きうるのかを読み取ろうとすることです。

そうした仕事を行う上で、動画やSNSで注意を分散させること（＝孤立の欠如）は望ましいものではないでしょうし、自分を突き動かしている感情の流れを読み解くための思考（＝自己対話）も必要でしょう。たとえ一瞬の間に行われるとしても、単に感性だけで処理できるものではないという点で、知性も大切です。だからこそ、ブルース・リーは「情緒的内実」と言いながら、頭をトントンと叩いたわけですね。


なんだか、「燃えよドラゴン」の解説みたいになってしまったので、最後に話を戻しておきましょう。スマホ時代に必要なのは孤独と孤立であり、それらがあってこそ、自分を浸している感覚に耳を澄ませ、衝撃的な経験（強い情動体験）と折り合いをつけていくことができます。そのときに動いているはずの感情のしっぽを捕まえ、それが指し示す先をまなざすために、私たちには孤独（自己対話）が必要です。

これだけずっと話していると、「指先に目を奪われるな」という言葉は、デバイスをスワイプする私たちの動きに対する牽制にも見えてきますね。そう思うと、「燃えよドラゴン」

のセリフが一層味わい深く感じられます。ちょっと深読みしすぎですけどね。それはともかく、「燃えよドラゴン」の言葉は、これまで述べてきた事柄を思い出させてくれるものとして解釈できるのです。

コラム

孤独や孤立の価値を復権する意味

大衆社会論が、巨大な「社会」の成立によって市民の「主体性」が腐食する（政治参加やコミュニティ、地域などの意味が変わってしまう）ことを憂《うれ》えているとすれば、この問題に応答する二つの道筋がありえます。第一に、適切な意味でのつながりや公共性を回復することで、適切な主体性を取り戻すという理路。第二に、つながりや社会性から距離をとって、孤独（切断性）を介することで主体性を組み直すという理路。

第一の議論については、「熟議・討議」や「民主主義」概念を重視する政治理論などで採用されがちなロジックだと思います。しかし、簡単に接続できる時代に「つながりが大事だ、対話が大事だ」という言葉が空々しく響きかねないということを確認してきたのが本章の内容だったとすれば、この路線を素直にたどることは難しく思えます。

少し図式的に説明すると、私たちは誰かとつながり、話そうとするとき、LINEスタンプを送り合うようなやりとりとか、大げさな身振りで「わかる！」「ほんまそれ！」って共感し合う会話みたいな「いいね」しかない関係とか、そうでなければ、（SNSで飽きるほど見るような）罵《ば》詈《り》雑《ぞう》言《ごん》や人格否定を伴った言い争いみたいなものに陥りかねない時代、少なくとも、そういうつながり方が容易な時代に生きているわけです。つまり、「つながり」「絆」「話し合う」「公共性」などという言葉は、なんとなくポジティヴでいい感じだから一瞬納得感があるものの、現代社会で実際に人がつながったり、話し合ったりすると、空気の読み合いや、内輪的な言葉の反復みたいなコミュニケーションか、議論に擬態した罵り合いになってしまうことは珍しくないはずです。連帯や対話はとても大事なのですが、それを訴えさえすればなんとかなるというものではないでしょう。

それに対して、私が採用したのは、「対話やつながりを目指そうとしないことが、かえって適切な対話やつながりをもたらすのではないか」という理路です。むしろいったんコミュニケーションや刺激の波から距離をとって、退屈や不安の湧き出してくる自分に向き合う機会を持つことで、結果的に、自分や他人の感情や感覚を理解する幅ができると考えたわけです。

こういう風に社交やコミュニケーションから距離をとろうとするアプローチは、哲学では「観照（contemplation）」と呼ばれてきた、超然たる姿勢で単独的に思考しようとする姿勢としばしば結びつけられるし、時にエリート主義であると批判されます。そういう危険があるのも確かですね。

この超然たるイメージは、哲学を安易に特権化するものではないかなどと批判もされますし、その批判は妥当なものです（プラグマティズムは批判の急先鋒でした）。しかしその批判を受け入れ、修正した上であれば、スマホ時代に哲学するとき、孤独を重視する路線は評価に値すると思います。つまり、いつでもどこでも誰とでも接続できて、何でもシェアする関係ばかりが前景化する常時接続の世界において、孤独は、切断の可能性を提示してくれる魅力的なアプローチであるように思えるのです。

＊50 シェリー・タークル（渡会圭子訳）『つながっているのに孤独：人生を豊かにするはずのインターネットの正体』ダイヤモンド社、２０１８、288－289頁　読みやすさのために、引用の誤字を修正しました。ちなみに、２０１１年は原典の出版年です。

＊51 ２０１２年には、phone（電話）とsnubbing（冷たく扱うこと）を組み合わせて、「ファビング（phubbing）」という言葉が作られたように、こうした慣行を問題視する向きもありました。

＊52 シェリー・タークル『つながっているのに孤独』460頁

＊53 同前、509頁

＊54 Andrew Przybylski and Netta Weinstein, "Can you connect with me now?: How the presence of mobile communication technology influences face-to-face conversation quality," *Journal of Social and Personal Relationships,* 30 (2), July 19, 2012, pp.237-46, doi: 10.1177/0265407512453827 ; Shalini Misra, Lulu Cheng, Jamie Genevie, and Miao Yuan, "The iPhone Effect: The Quality of In-Person Social Interactions in the Presence of Mobile Devices," *Environment and Behavior,* 48 (2), July 1, 2014, pp. 275-98, doi: 10.1177/0013916514539755

＊55 シェリー・タークル『つながっているのに孤独』509－510頁

＊56 わかりやすさのために「失われた」と表現していますが、後に論じるように、現在それを確保するのが不可能だというわけではありません。また、スマホ登場以前は、みんなが容易に〈孤立〉や〈孤独〉を持てたということもありません。スマホに代表される現代のメディア環境に誘われて、私たちはますます〈孤独〉を手放しやすく、取り戻しがたい状態にあるということを「〈孤独〉が失われた」という表現で言っているだけのことです。

＊57 本文では〈孤立〉をポジティヴなものとしてのみ扱っていますが、これはネガティヴにもなりうるものです。例え

ば、権力者の介入、あるいは排除や差別などによって、市民がいろいろな人間関係を断たれ、社会的紐帯が断ち切られ、社会的・政治的に無力な状態に置かれることも「孤立」の一形態です。

＊58　ハンナ・アレント（ジェローム・コーン編、中山元訳）『責任と判断』ちくま学芸文庫、2016、164頁

＊59　同前、162頁　ちなみに「沈黙」という言葉がオルテガと重なっているのは偶然ですが、その言葉に託されたイメージを共通していると考えることは可能です。

＊60　ハンナ・アーレント（大久保和郎・大島かおり訳）『全体主義の起原3：全体主義　新版』みすず書房、2017、349頁

＊61　同前、348頁

＊62　『全体主義の起原3』には「人口過密な世界の中、そしてこの世界そのものの無意味性の中で現代の大衆が味わう自分自身の余計さ」という表現が出てきます（275頁）。アーレントの思想にも、オルテガのように過密な都市という論点があります。

＊63　P・ティリッヒ（茂洋訳）『永遠の今』新教出版社、1986、11-15頁など。ティリッヒもいろいろな人に囲まれる大衆社会（都市社会）を念頭に二つの概念を区別しています。

＊64　村上春樹『女のいない男たち』文藝春秋、2014、256-257頁

＊65　シェリー・タークル（日暮雅通訳）『一緒にいてもスマホ：SNSとFTF』青土社、2017、89頁

＊66　同前、110-112頁

＊67　同前、65頁　一部表記を修正しました。

＊68　Elizabeth Cohen, “Does life online give you ‘popcorn brain’?,” CNN, June 23, 2011 http://edition.cnn.com/2011/HEALTH/06/23/tech.popcorn.brain.ep/index.html（現在は閲覧できなくなっています）および、Clifford Nass, “Is

Facebook Stunting Your Child's Growth?," Pacific Stanford, June 14, 2017 https://psmag.com/social-justice/is-facebook-stunting-your-childs-growth-40577

＊69 シェリー・タークル『一緒にいてもスマホ』37頁

＊70 どうでもいい話ですが、この文章を読むたびに、子どもの頃から日夜訓練を積み重ねるジャンプ漫画のキャラクターたちが思い浮かびます。そんなノリで、私たちは日々スマホを通じて何かを研ぎ澄ませているのかもしれないなと。

＊71 ベストセラーとなったアンデシュ・ハンセンの『スマホ脳』（新潮新書）をはじめとして、狩猟採集していた時代の人間、つまり、石器時代を念頭に置いて、「現代の環境は、人間の性質や脳のあり方に沿っていないからダメだ」という論法がしばしば用いられます。しかしこの論法は、人間が旧石器時代から現代に至るまでのあいだに、ほとんど身体的な進化をしなかったと仮定している点で問題があります。進化生物学者のマーリーン・ズックは、こういう議論を「パレオ・ファンタジー」として批判し、現在や将来の問題をあおるために過去を用いることを制止しています。詳しくは、マーリーン・ズック（渡会圭子訳）『私たちは今でも進化しているのか？』（文藝春秋、２０１５）を参照のこと。短期間での個体群の進化については、メノ・スヒルトハウゼン（岸由二・小宮繁訳）『都市で進化する生物たち』（草思社、２０２０）も、とても面白かったです。おすすめ。

＊72 第2章の「自分のわかる範囲」に落とし込む理解の問題点と同じことを、別の仕方で表現しています。そちらも改めて見に行ってみてください。

第4章

孤独と趣味のつくりかた——ネガティヴ・ケイパビリティがもたらす対話

常時接続の世界では、私たちは〈寂しさ〉に振り回されるだけでなく、〈孤独〉を確保することも難しくなっている。そんな状況に抵抗するにはどうしたらいいのだろうか。

本章では、〈孤独〉を持つための手がかりとして〈趣味〉に注目する。社会生活とは切り離されたかのように、何かを作り、育てることだ。〈趣味〉で大切なのは、道具やノウハウだけでなく、答えを急がずにモヤモヤを抱えられる力だ。その力には、「ネガティヴ・ケイパビリティ」という名前がついている。

寂しさや注意の分散に抗するために、迷っている自分を認め、楽しむ手立てを探っていこう。

居合わせる価値の高まりが、取り残される不安を高める

現代人は自分を激務で取り巻いて、自分自身と向き合うことを避けているとニーチェは指摘し、オルテガは、いろいろな人の集まる都市空間に生きているはずなのに、誰も互いの話を聞かずに自分こそが意見を言い、判断する資格があると思って軽薄にぺちゃくちゃ話していると考えました。同じことを、アーレントは「寂しさ」という言葉で取り上げたのです。

スマホという注意を細切れに分散させることをサポートする装置を誰もが持ち歩いている時代にあっては、三者の指摘が印象深く感じられます。人の注目を集めることに気をもんだり、いいねや既読がつくかを気にしたり、注目を集めているインフルエンサーの様子を必死に追いかけたり、みんなが話題にする流行りをとにかくなぞったりしている。

こういう行動の積み重ねは、自分や他人の感情や感覚を理解する能力を減退させます。ブルース・リーが弟子に語ったように、「感情のしっぽを捕まえる」べきなのに、そうす

るための力を自ら手放している。これが前章で述べた内容のあらましです。

ここに付け加えるなら、ソーシャルメディアを熱心に使う人ほど、寂しさを抱き、人生に不満を感じ、自信を失う傾向があるという事実を思い出すのもいいかもしれません。[*73] こういう話をすると、「承認欲求！　やっぱ承認欲求が人間の根源的欲求ですよね」という反応がしばしば来ます。

その考えにも正しい一面はあるのでしょうが、この種の言葉は守備範囲が広すぎて何でも言える上に、この言葉を当てた途端にわかった気になって思考停止しかねないので、ここでは「承認欲求」という便利な言葉を頭の中で封印した上で付いてきてください。さもなければ、光をたたえた月の存在を見落としてしまう、というやつですね。

そもそも、なぜＳＮＳは寂しさを加速させるのでしょうか。たくさんの人と一緒にいるはずなのに一人だと感じて他人を依存的に求めてしまうのはなぜでしょうか。この辺りの疑問を手に持って歩き始めましょう。

いいね、シェア、スタンプ、リプライなどといったリアクションがＳＮＳ上であるとき、私たちは、何か立派な人間になったと錯覚しますし、人から関心を持たれているという感覚になります。でも、この安心感や自信の背後には不安がありますよね。止めなければと思っていても、何度もＳＮＳを更新してしまうのは、たいてい拭いがたい不安があるからです。疎外の感覚を持たずに済むように、取り残される不安を覆い隠すように、いつもオンラインでいようとしている。

タークルがインタビューした一人の少女は、「仲間はずれになることや、何かを見逃すことも怖いから」ＳＮＳは常にチェックするほかないと語っています。でも、「Facebookがその恐怖をやわらげてくれる[*74]」。この少女が抱いている恐怖には、Fear Of Missing Out（見逃す／取り残されることへの恐怖）という名前があります。この頭文字を取って「ＦＯＭＯ」と呼ばれることもあります。ＦＯＭＯは、寂しさの別の呼び名だと思って構いません。

しばしば指摘されることですが、ネット上の話題にせよ、物理的なイベントにせよ、人気の食べ物やメイク、ファッションにせよ、話題の出来事に「居合わせること」の価値が高まっています。「居合わせる」とは、場所の共有ではなく、時間の共有を指しています。時間価値の高まりを指摘する各種の議論は、私たちの議論の方向性が間違っていないことの傍証になっています[*75]。

私たちは「居合わせなければ」「時間を共有しなければ」と恐怖しながら生きていますが、

その感情にはFOMOという名前がついている。そのとき冷静に認識すべきなのは、FOMOに駆られてSNSにアクセスするとき、私たちは進んで負のループに入り込もうとしているということです。言い換えると、必死に情報を入れたり、流れの早いコミュニケーションに追いつこうとしたりすることは、不安を解消するものではないのです。

Instagramが恐怖をやわらげてくれるとしても、そもそもの不安を生み出しているのがInstagramにほかならないわけです。だから、寂しさ対策としてSNSに訴えるのは、二日酔いがつらいから迎え酒を飲むみたいなやり方なんですね。居合わせることの価値の高まりがFOMOを生んでいるのだから、話題や流行や人気に乗り遅れまいとする（＝できるだけ居合わせようとする）ことは、FOMOを消すどころか加速させてしまいます。[*76]

精神科医のアンデシュ・ハンセンが紹介する社会調査によると、SNSなどを通じてソーシャルネットワークに時間を使えば使うほど幸福感は減退しています。かくして、彼は次のように述べています。

> 私たちはSNSによって、自分は社交的だ、意義深い社交をしていると思いがちだ。しかし、それは現実の社交の代わりにはならない。[*77]

ハンセンの指摘はもっともですが、現実の他者抜きに私たちの生活は成り立たないことを誰しも頭では理解しているはずです。もう知っているけどどうしようもないことを無頓着かつ声高に伝えてくるように感じさせるからこそ、ハンセンやデジタル・ミニマリストの主張は、どこか説教臭く思えるのでしょう。

ネットに現実のすべてがあるわけではないにもかかわらず、それ抜きにはいられないことにこそ「スマホ時代の哲学」の難しさがあります。今日の私たちが他者を求め、他者とつながろうとするとき最初にとる手段は、ネットへの接続です。そうして一日中スマホから刺激を浴びていると、スマホを直接さわっていなくても、その感性が対面にも持ち越されてしまう。スマホやSNSが避けられないという前提に立つと、この辺りにこそ取り組むべき問題があるように思われるのです。

情動理解はインスタントに済ませられない

FOMOや寂しさに自分の主導権を握られたとき、私たちはどんなコミュニケーションをしているでしょうか。恐らく、大体において定型的なコミュニケーションをしているはずです。ごく短いテキスト、スタンプ、仲間内のイディオム、ネットスラング、流行語、あるいは、決まった動画や画像などを用いるような。

ここで念頭に置いているのは、互いの意図を繊細にすり合わせる話し合いや合意形成、あるいは、互いの態度を変えるような対話などではなく、むしろつながること自体が大切であるようなコミュニケーションです。会話自体が目的であるような会話で交わされるのは、中身のあるやりとりではなく、やりとりを続けてつながること自体を目的としています。互いに接続し合うこと自体を志向するやりとりのあり方は、「つながりの社会性」と呼ばれることがあります。*78

コミュニケーションがこういう形に変わっていることに、もちろんタークルは気づいています。彼女の観察は、学生たちが、当意即妙に画像や写真、短いテキストなどを瞬発的にシェアしながらコミュニケーションを重ねている様子にも向けられているからです。彼女は、その当意即妙なやりとりに素直に感心しながら、警戒心を示してもいます。

こうしたやりとりは、内容が難しくなったり、理解が及ばなかったりしたとき、突っ込んだことを聞いたり、込み入ったことを考えたりして「かみ砕きにくい考えを言葉にしようと努力する」ことを止め、気楽な記号のやりとりで済ませる役割を担ってしまっているからです。[*79] このコミュニケーション様式は、「モヤモヤ」「消化しきれなさ」「難しさ」から目を背けることを助けてしまっているのではないかとタークルは心配しています。

つながること自体が目的であるような瞬発的で定型的なやりとりは、複雑な事柄、繊細な感情、微妙な感覚、曖昧な事情に対して、理解を積み上げる習慣を失わせるところがあるとタークルは考えました。スマホによって自分や他人の情動や感覚についての理解力が落ちていくとの前述の指摘を考慮すれば、タークルの指摘には説得力があります。

似たことを、社会的感情について研究した神経科学者のメアリー・ヘレン・イモディノ＝ヤンやハンナ・ダマシオらの研究グループが論じています。この研究は苦痛の経験に関わる神経回路を調べたものです。身体的苦痛に関する回路が基本になっていて、それを転用する形で精神的な苦痛が経験されている、また、自分の苦痛に関する回路を転用することで、他者の苦痛を感じ取っている、などといった可能性が指摘されています。

ちょっとわかりにくいですが、ダマシオらが読み取った含意は単純です。自分の身体的苦痛の情報処理が最も迅速なのに対して、自分の精神的苦痛の情報処理は、いくらか時間を要する、さらに、他者の苦痛に関する情報処理は、それよりも時間を要するようだということです。ダマシオらの研究からも、自分の心の傷や、誰かの痛み（特に精神的苦痛）を理解することは、決してインスタントに済みそうにないことがわかります。

実際に、この論文の考察パートを見てみると、そこには、「他者の心理状況に対する情動が誘発・経験されるために」文化的・社会的コンテクストについての「内省的処理にさらに時間が必要かもしれない」との指摘があります。[*80] 他者の心理状態について何かを経験することは、一定の「思考」（＝内省的処理）を要するもので、それは決して「即時」には済まないと示唆されているのです。

言われてみれば当たり前のことです。例えば、ヤマシタトモコさんの『違国日記』という漫画には、自分の恋愛への感覚が、世間的な「普通」とは違うと知りつつある高校生が、昔からの親友に異性愛を前提とした恋愛話を振られたときに、話題を逸らしたり、丁寧語を用いたり、突っぱねたりしながら、その話題を終わらせるシーンがあります。[*81] その途中で、この子は、表情を真顔のまま一瞬固めたり、言葉に詰まったりすることもあります。そんな複雑すぎるやりとりをしている様子をみて、この子の精神的苦痛を知り、その内容を繊細に理解するには、それなりの知識と、それに基づく想像が必要なはずです。

日本社会において、親友同士では軽口を言い合ったり恋愛話をしたりすることは珍しくない。セクシュアルマイノリティへの理解や配慮が実質的な形では広がっていない。だからこそ、自分のセクシュアリティについて親しい人に明かすことすら難しい状況がある。自分のセクシュアリティを秘密として持っていることは当事者に疾《や》ましさを感じさせうる。すぐに恋愛話を終わらせるのは不自然に思われるかもしれない。こうした状況を問題視する声も広がっている。微妙な話題を振られたからといって、親友をわざわざ恨みに思いたい人はいないだろう。……などといった、文化的・社会的な知識がなければ、この高校生の苦痛を想像することはできないはずです。

このように考えると、他者の心理状態を知るために、私たちは「かみ砕きにくい」事態の処理時間を意識的に確保する必要があるというのはもっともです。消化しきれないモヤモヤした状態で、それでも、何とか理解しようとすること。それが「内省的処理」（＝思考／自己対話）を前提とするものである以上、孤立や孤独は大切なのです。その意味でダマシオらの研究は、孤独の重要性を裏書きするものです。

実際、ダマシオらも、自分たちの研究はそうした文脈で読まれうると考えていたようで、考察の内容を「常時接続」や「マルチタスキング」という論点と結びつけています。曰く、「デジタル時代の特徴である注意を要する迅速かつ並列的な処理は、そうした情動を十全に経験する頻度を下げ、潜在的にネガティヴな帰結をもたらしかねない」[*82]。スマホなどで「つながりの社会性」ベースの即時的なコミュニケーションを重ねてきた人は、かみ砕きにくい心理状態を想像する機会や、他者の心理状態に共感的にかかわる機会をみすみす手放し続けているのかもしれません。

常時接続こそが、心理状態に集中するための孤立を奪い、それを掘り下げていくための自己対話の機会を奪っている。自分や他人の感情や感覚を繊細には理解しないための訓練を日夜積んでいるような、そんな危うい道を歩いているのだという判断をここでも改めて確認しておきたいと思います。

寂しさに振り回される私たち――「エヴァ」から考える①

寂しさが心の中で大きくなってきたとき、私たちが感情に対して主導権を持っているというより、感情が私たちに対する主導権を握っているみたいに、私たちをあちこちに振り回しています。寂しさあるいはFOMOには、他者を求める気持ちが含まれていますが、だからといって「他者のこと」をちゃんと考えているわけではないでしょう。実際にあるのは、自分が一人ぼっちだと感じたくないというニーズであり、その限りで関心のスポットライトは自分に当たっています。寂しいとき、私たちは他者や世界への好奇心を持っているわけではないのです。

たくさんの人に囲まれながら一人だと感じていて、他者を依存的に求めながらも傷つけ合ってしまう私たちの描像《びょうぞう》として、「新世紀エヴァンゲリオン」（以下「エヴァ」）という作品ほどぴったりくるものはそうそうありません。そこで「エヴァ」周辺を歩き回ることで、寂しさに対処する方法を考えてみたいと思います。この作品を見ていない人もいると思いますが、哲学者の文章から引用するのと実態は何も変わりません。知らない作品だと戸惑う方は、哲学者の発言だと思って読んでみてください。

そもそも「エヴァ」に登場するキャラクターは、アーレントやタークルの言葉をなぞるように、「たくさんの人と一緒にいるのに一人だ」と感じている人ばかりです。他者に対して権威的になったり、手近な人に依存したり、攻撃的な言動で他者に対したり、問題や義務から目を背けたり、他者に対するケアを怠ったりと、寂しさを抱えきれない人間の様々な反応をカタログ化した作品のようにも見えてきます。
「エヴァ」には、「寂しい」という言葉が度々登場します。例えば「エヴァ」テレビシリーズ第23話「涙」には、綾波レイというキャラクターが寂しさの定義を説明するシーンがあります。

――一人が嫌なんでしょ？　私たちはたくさんいるのに、一人でいるのが嫌なんでしょ？　それを「寂しい」というの。

これは、アーレントの定義する寂しさそのものです。アーレントは、孤独と寂しさについてエピクテトスを持ち出しながらこんな話をしています。

――エピクテトスが看取した通り（『語録』3巻13章）、寂しい人は、他者に囲まれながら他者に接触することができず、あるいは他者の敵意にさらされている。〔…〕寂しさにおいて、私は実際に一人であり、他のすべての人に見捨てられている。[*83]

このように、アーレントと「エヴァ」の「寂しさ」概念は、かなりストレートに重なり合っています。

この観点から興味深いのは、精神的に深い絆で結ばれていた人物を失った葛城《かつらぎ》ミサトというキャラクターの迷走ぶりです。同じ第23話「涙」で、ひどく落ち込んでいる主人公の碇《いかり》シンジにたいして（いくらか性的なニュアンスのある）慰めを提示しようとして拒絶された直後、ミサトはこう口にしています。

> 寂しいはずなのに。女が怖いのかしら。いえ、人とのふれあいが怖いのね。ペンペン、おいで。〔ペンペンもミサトを拒絶〕そっか……。誰でもいいんだ。寂しかったのは私のほうね。

ちなみに「ペンペン」は、ミサトと暮らしているかわいいペンギンの名前です。

ミサトは抱えきれない衝撃のまにまに取り乱すのではなく、うまくやろうとして「肝心の感覚」を押し殺していました。つまり、自分の寂しさを自覚しないまま他人（シンジ）

に投影して、自分の寂しさを「他人のこと」として処理していたのです。寂しさを抱えた人は、たいていミサトのような心的過程を経て、他人を都合よく求め、寄りかかってしまいがちです。右のセリフは、そのことに気づくまでのプロセスを語るものだと言えます。

彼女は、自分の寂しさを埋めるために他人で自分を取り巻こうとしているけれど、実際のところ「他者に接触」できていません。この辺りまで含めて、アーレント的な寂しさの構図にミサトは当てはまっています。

精神的動揺と無自覚の寂しさ、その結果として情けない振る舞いをしてしまうミサト。私自身、この種の弱さには心当たりがあります（私も傷のある一人の人間なので、思い出す度に消えたくなるエピソードの一つや二つあります）。多様な人に囲まれながら、「誰でもいい」というほどに誰かにそばにいてもらうことを求める気持ちです。

マッチングアプリとか、「今年こそ恋人を作る」などと言い出す人とかを思い出してください。「クリスマスまでに！」とか、「〇歳までにお互い恋人いなかったら……」とか、いろいろありますよね。そういう事例を思い浮かべれば、寂しさからくる「誰でもよさ」の他人事でない感じが伝わるでしょうか。

深い精神的動揺に囚われたとき、誰しも心の中にこのミサトがいるんじゃないかと思います。でも、ミサトは最終的に自分こそが迷子だと自覚しているので、寂しさとの付き合いという点で、私たちよりずっと先にいるのかもしれません。

寂しさの対処法としての趣味
——「エヴァ」から考える②

「エヴァ」は、寂しさに振り回される人たちだけでなく、寂しさやFOMOとうまく折り合いをつけた人物も描いています。加持《かじ》リョウジです。彼は、〈趣味〉(hobby)を持つことの大切さについて語っていて、それは孤独を持つことにつながっていると私は考えています（この議論は別の文章で扱ったものをもとにしています）[*84]。しかし、この論点にたどり着くにはそれなりに足場を作らないといけないので、順番に見て回りましょう。

テレビシリーズ第17話「四人目の適格者」や「ヱヴァンゲリヲン新劇場版：Q」では、加持リョウジという人物がスイカを育てているシーンがあります。内偵を進めていたことが露見して組織に命を狙われている状況であるにもかかわらず、加持はスイカ畑に主人公

（碇シンジ）を連れて行って、畑の様子を見せ、水やりをしています。印象的なのは、この主人公との会話で、〈趣味〉という言葉が使用されていることです。

具体的な会話を見てみましょう。ここではテレビシリーズを見ておきます。

シンジ：スイカ……ですか？

加持：ああ、可愛いだろ？　俺の趣味さ。みんなには内緒だけどな。何かを作る、何かを育てるのはいいぞ。いろんなことが見えるし、わかってくる。楽しいこととかな。

世界の存亡がかかっており、自分にも命の危険があるタイミングで、加持は暢気《のんき》にスイカを育てています。寂しさや有用性の論理を離れて、何かを制作し、生み出すこととしての〈趣味〉に加持は時間を費やしたのです。

加持がスイカをほとんど収穫することなく、物語から退場しているという事実を言い添えれば、彼が他者を求めて、あるいは、何かの役に立てたくて〈趣味〉に勤しんでいるわけではないことが伝わるでしょうか。彼の〈趣味〉は、セルフブランディングとか、他者からの評判とは関係のないところにあります。何かを作り、育てるのは、ＳＮＳに投稿して「いいね」をもらうためでも、ココナラやminneなどのウェブサービスで換金するためでもありません。ただそれ自体のためになされていることです。明日世界が滅ぶとか明日死ぬとかそういうことすら関係がないかのように、加持はスイカを育てていました。

ここからわかるのは、加持がＦＯＭＯに駆られていないことです。仮に彼がＦＯＭＯを抱えていたなら、〈趣味〉を自己成長の機会と捉えたり、他者評価の向上につなげたりするか、はたまた、世界の存亡という一大イベントに関わるべく〈趣味〉など放り投げたりしたはずですよね。でもそうはなっていない。何かを見逃したり取り残されたり、自分だけそこにいなかったりすることの損失を大きく見る姿勢がありません。

より正確には、ＦＯＭＯに駆られていては〈趣味〉などできないと言うべきかもしれません。〈趣味〉には、孤立、つまり、他者に邪魔されずに没頭する機会が必要だからです。とにかく話題や出来事に居合わせなければならないなどという価値観を置き去りにするほど、加持は〈趣味〉に没頭しています。

なるほど〈趣味〉は、孤立と関係しているのかもしれない。では、〈趣味〉と孤独はどういう関係があるのでしょうか。*85

自分の中には複数の人がいる
――「エヴァ」から考える③

「何かを作る、何かを育てる」という趣味は、少なくとも孤立を必要条件としています。「みんなには内緒だけどな」と語っていることからも、加持の言う「趣味」が、他者から切り離された場所で営まれる行為だということは確かめられます。

では、趣味は孤独をどのように確保するのでしょうか。それについて考える前に、アーレントの寂しさと孤独の対比的な構図を改めて確認しておきましょう。

エピクテトスが看取した通り（『語録』３巻13章）、寂しい人は、他者に囲まれながら他者に接触することができず、あるいは他者の敵意にさらされている。これに対して、孤独な人は孤立しており、従って「自分自身と一緒にいることができる」。人は「自分自身と話す」能力を持っているからだ。言い換えると、孤独において、私は「自分自身のもとに」私の自己と一緒におり、従って「一人の中に二人いる」のに対して、

寂しさにおいて、私は実際に一人であり、他のすべての人に見捨てられている。厳密に言えば、すべての思考は孤独のうちになされるものであり、私と私自身の対話である。[*86]

ここでのポイントは、孤独において可能になる「思考」は、自己対話として行われているということです。では、対話とはそもそも何なのでしょうか。

アーレントは公共哲学者として、政治参加する主体としての個人（＝たった一人の存在）が互いに異なっていることを強調し、そこで行われる公共的なコミュニケーションについて語ったことで知られています。しかし同時に、一人の人間の中に複数人いるという見方も提示しています。それが右の引用の「一人の中に二人いる（two-in-one）」です。アーレントは「二人」と言っていますが、実際には「複数人」のことを言っていると捉えて問題ありません。これは、自己イメージ、つまり自分がこうだと思う自分（客我）と、そのように見ている自分自身（主我）の分裂として読みうるからです。

テレビシリーズ「エヴァ」第16話「死に至る病、そして」には、主人公の碇シンジによる印象深い自己対話が出てくるのですが、これは自己の分裂について考える上で参考になります。[*87]

シンジ：人は自分の中にもう一人の自分を持っている。自分というのは常に二人ででできているものさ。
シンジ：二人？
シンジ：実際に見られる自分とそれを見つめている自分だよ。碇シンジという人物だって何人もいるんだ。
シンジ：君の心の中にいるもう一人の碇シンジ、葛城ミサトの心の中にいる碇シンジ、惣流《そうりゅう》アスカの中のシンジ、綾波レイの中のシンジ、碇ゲンドウの中のシンジ。
シンジ：みんなそれぞれ違う碇シンジだけど、どれも本物の碇シンジさ。君はその他人の中の碇シンジが恐いんだ。

ここで示唆されるのは、アーレント的な「一人の中に二人いる」が、「二人」というより多数の自己への分裂を指しているということです。様々なシチュエーションや他者との関係における自分のあり方（＝分人）が複数同時に存在している状態です。[*88] 以前、「自分の内側に他者を住まわせる」と表現したのも、こうした事態を念頭に置いていました。

趣味は孤独をもたらす
——「エヴァ」から考える ④

思考が、独り言や一つの声のエコーではなく、自己「対話」であるからには、異なる存在（=他者）がいなければなりません。つまり、自己が複数いることが必要なのは、それが自己対話の成立要件だからです。対話は、予定調和や想定通りの場所に連れていくものではなく、思いもしないところに連れていく可能性を持っており、その意味でコントロールしきれるものではありません。思考（=自己対話）は、そういう働きを持つ「他性」（他者性）を自分の内側に持つことを前提としています。

この見解は、フランスの詩人ポール・ヴァレリーの考えとも重なっています。美学研究者の伊藤亜紗さんは、彼が「一人でいる」「自分自身といる」あり方を論じていることに注目し、「ヴァレリーにとって重要なのは『他者といるように自分自身といる』ということであって、他者の視点が排除されるどころかむしろ積極的に必要とされる」と指摘しています[*89]。ヴァレリーは、自分が一人で閉じているという見方や、自分の内面に撤退してよいといった自己完結的な論理を退け、自分の複数性を引き受けることこそが、表現の条件になっていると考えたのです。

「詩を作る」という作業において自己の複数性が果たす役割は大きいというヴァレリーの知見に倣うなら、創作を通じて、つまり「何かを作る、何かを育てる」趣味を通じて、私たちは、自分の中に招き入れた様々な「他者」を絶えず行ったり来たりするような対話を積み重ねる必要があるということです。[*90] 端的に言えば、広い意味での創作や制作に関わる趣味は、孤独を持つことにつながっている。

　加持リョウジが「スイカ」を例に趣味について話していたので、詩だけでなく、スイカを念頭に置きながら、趣味と孤独の関係について掘り下げてみましょう。そもそも、何かを作ったり育てたりすることは、先の見えない作業です。スイカがどんなサイズや模様になるのか、どんな風に手をかければ大きくなるのか、あるいは枯れてしまうのか、そういう一切のことが、究極的にはコントロールしきれません。

　もちろん自分なりに手をかければ、それに応じてスイカが育つところもあるでしょうが、私たちの側が完全に主導権を握っているわけではありません。スイカは、私たちの計らいの外にあるものです。予測や想定、コントロールを超える部分が常にあります。

このとき、作っている「何か」は、私たちにとって「他者」（謎）として立ち現れています。何かを作る、あるいは育てるとき、その対象は私たちと結びつきを持つものでありながら、私たちの外部にあるということです。だから、詩やスイカを作るとき、私たちは詩やスイカからいろいろなことを問いかけられます。趣味は、作り育てている「何か」から自己への問いかけを汲み取ることと不可分なのです。

SNSなど支配的な評価や同質性を気にするコミュニケーションの中では、自分は単純化され、心の中に住まう他者が弱ったり、一色に染められたりしがちです。しかし、趣味において同調や評価から切り離され、孤独になることができます。そこでは、自己対話の条件である自己の複数性が育まれます。しかも、いろいろな他人との関係において成立する自分たちとは違って、モノとの関係において成立する自分です。

この辺りに自分同士のやりとりを可能にする素地があるからこそ、「趣味は孤独を持つことに通じる」と指摘したのでした。そういうわけで、私たちの共有すべきスローガンは、「注意の分散に抵抗せよ、孤独を持て」から更新する必要があるようです。「注意の分散に抵抗せよ、趣味を持て」。悪くないフレーズですね。[*91]

趣味は謎との対話である　――「エヴァ」から考える⑤

さて、何かを作る／育てるという行為（＝趣味）は、孤独をもたらしているという話でした。自分が手をかけ、ケアしているもの（例えばスイカ）は、一種の他者として立ち現れています。スイカとの関係の中で成立している自己、つまり、スイカを育てる中で立ち現れる自己は、それ以外の自分と違っているので、自分自身と話し合う余地が生じます。

ここで気になるのは、先に述べたスイカや詩の他者性についてです。何かを作ることにじっくり取り組んだ人なら、すぐに実感してくれることと思いますが、確かに「何か」のほうが私に問いかけてくるような心地になることがあります。こちらが「何か」を見るだけでなく、「何か」のほうが自分を見ているような感覚です。

何かを作るとき、その作っているものが持っている他者性はどんなものなのか。この問題をここでは掘り下げてみたいと思います。そのとき参考になるのが、心理学者の横地早《よこちさ》和子《わこ》さんによる、創造や創作に関する研究です。

横地さんの研究では、制作や創作などの中にある、試行錯誤や探索のプロセスに力点が置かれています。創作においては、探索的な実験や思考を通じて、技法や素材だけでなく、自分の関心や創作のテーマの理解が深められる。その結果、初めは不明瞭だった創作の目標や意味、自分の関心やスタイルなどが次第に見えてくることがあります。横地さんは、創作の中心テーマのことを「創作ビジョン」と名づけており、しばしば普遍的な問いの形をとっていて、おそらく、完全に実現されることはないとされる。[*92] 少し踏み込んで言うなら、創作ビジョンは達成し終わらないテーマだからこそ、絶えず試行錯誤を導く形で私たちに「稽古」をつけ、長きにわたり動機づけることができる。

ギュッと切り詰めて、私たちの議論に適合するように整理し直すなら、創作の過程にある模索や探索を通じて、いろいろなことがわかり、自分が育っていくということです。この「わかる」ところに、謎から問いを投げかけられる雰囲気が、そして、「自分が育っていく」辺りに分裂した自己の生成が読み取れると思います。

具体例を出しておきましょう。映画「シン・エヴァンゲリオン劇場版」の制作ドキュメンタリーである「さようなら全てのエヴァンゲリオン～庵野《あんの》秀明《ひであき》の１２１４日～」（ＮＨＫ）

に、横地さんの指摘を思わせる発言が出てきていました。総監督の庵野秀明さんは、脚本を練り込まずに、登場人物とともに謎や出来事に直面していく「書き送り」という手法で物語を作るというやり方を採用しており、そのことについてこう語っています。

――まあ書き送りだからね。書いている自分にも次何があればいいかわからないまま書いているから。それまでその片鱗がないのは当たり前。僕の頭にないんだもん。あそこになって初めて出てくるから。ということはお客さんもあそこになって初めてわかる。

自分が作っているものを謎として眺め、謎を咀嚼していきながら、その意味を明確化していくというプロセスの雰囲気が伝わってくる発言です。

脚本ではありませんが、同じことを台詞演出の山田陽《やまだはる》さんも語っていました。

――答えが見えているようで見えてない。そんな作品なかなかないよね。庵野さんの中でもある程度固まってるんだけど、そのパズルがはまるまでセリフが欲しい人なんで。

何かを作る、何かを育てるということは、こうした消化しきれない謎とともにある時間を伴うものです。

アーティストや創作者が、筋のいいアイディアや表現を模索する過程では、関心のあるテーマやモチーフだけでなく、自分自身の特徴についての理解を深めていく必要があります。モノローグ（独り言）のように心の中で疑問をつぶやけば、自動的に理解の深化が達成されるわけではありません。それは、ため息のようなものにすぎず、考えているつもりになっているだけだからです。

理解を深める上で私たちが向き合うべきは、作り育てているものの他者性です。「何かを作る、何かを育てる」という趣味が有利なのは、「物（道具やモチーフそして作品そのもの）を介し」て、対話を持つことができるからです。[*93] 外化されたものに媒介され、いろいろなことを感じ、考えていく中で、自分の作っているものの意味や方向性（創作ビジョン）が明確化され、ひいては自分自身のこともわかってくるわけです。

「書かれた私」と「書き直す私」の対話

個人的に、作っているものとの間に対話が生じるという経験には非常に思い当たるところがあります。横地さん自身が書籍の最後のほうで示唆している通り、研究や執筆の経験に通じるものがあるからです。[*94] この本を書くプロセスもそうでした。漠然としていた目的や関心、テーマが、繰り返し書き直し、捨て、継ぎ合わせ、再編成するという探索プロセスの積み重ねによって、次第に明確な方向性を帯びていきました。

どれだけ繰り返し最初から書き直し、書いたものを何度捨てたかわかりません。没にした文章は、何万字どころではないでしょう。しかし、そのプロセスで「なるほど、自分はこういうことが言いたかったのか」「私はずっとこの話題に注意を向けているな」「そこはこことつながってるんや！」と、何度も発見がありました。加持リョウジのセリフ、「何かを作る、何かを育てるのはいいぞ。いろんなことが見えるしわかってくる」を地で行く体験です。

外化されたものを介した自己対話という観点からすると、「何かを作る」行為の中でも「書く」ことが意義深いのは、いったん外側に定着した言葉が、自分の言葉でありながら他人の言葉のように、よそよそしくなるからです。

書かれた私の言葉遣いは、今の私の言葉のノリと少し違っています。言葉を生み出しつつあるときの、生っぽくて飛躍のある思考とは違うノリが読むときの私にはあるのです。こうしたノリの違いを活かして、書き直しが行われます。書かれているアイディアや表現を吟味し、書き加え、消し、直し、再編集していくのです。

私が生み出しているこの言葉は、少しの間、寝かされた後で読み直され、書き直されていきます。書かれた私の言葉は、そのときに他人のような声で、読んでいる私、書き直している私に語り掛けてくるのです。そんな風にこの文章を書きました。

このプロセスに、ハンナ・アーレントの言う「一人の中に二人いる」が実現しています。私は「書かれた私」と「書き直す私」に分裂しているからです。それは文字という形で物理的にも分裂しています。

書き直す私は、書かれた私からいろいろな問いを受け取ります。そうしてどれだけ問いや疑問を受け取ったかということが、つまり、二つの私の間にどれほどの対話があったかということが、その文章の完成度を左右するのです。

かつて行われた思考の痕跡としての「書かれた私」と、それを踏まえて「書き直す私」は少し違っていて、そのギャップこそが、私と私自身の間の対話を可能にしています。さきほど登場した詩人のヴァレリーも、「書くとは自分に向かって何かを言うこと」であり、

「自己が二重化している」という論点を好んで取り上げています。[*95]

何かを作ることが自己対話の可能性を開く

同じことが、文章に限らず、あらゆる「趣味」に当てはまります。作り育てているものは、単なるモノにすぎないのではなく、作り育てている私の痕跡です。作っているものの質を左右する重要な要素の一つが、モノの形で外側に定着した「かつての私」をどれだけ謎（他者）として扱い、そこから問いを受け取ることができるかということなのです。謎との対話は、かつての私との対話なので、趣味は自己対話を生み出しています。

今の私は、所属している大学でデザインの制作指導をしています。家具などのものづくり、映像や冊子の制作、あるいはファッション、サービスやコミュニティのデザインなど、様々な領域で「何かを作る」「何かを育てる」ことに取り組んでいる学生たちに伴走しています。その中で、この「書かれた私」と「読む私／書き直す私」の間で生まれた自己対話と同じプロセスが、学生の中で生じているのに、何度も立ち会ってきました。

つまり、執筆を例に説明したことが、アーティストやデザイナーとその創作物との間でも、そして、加持リョウジとスイカとの間でも起こっています。だからこそ、何かを作る、何かを育てるという趣味は、孤独につながるのであり、その中でこそ試行錯誤的に自己対話が生まれ、蓄積されていくのです。

自分がいいと思えるまで、何度でも作ること

もちろん、「書いて読みさえすればいい」「何かを作りさえすればいい」という単純な話ではありません。結局のところ、よりよいものを作ろうとする試行錯誤の連続こそが大切です。興味深いことに、繰り返しや反復の意義は、「ヱヴァンゲリヲン新劇場版：Q」でも語られています。

見通せない状況や急速な環境変化に戸惑いを隠せない主人公の碇シンジに対して、渚カヲルというキャラクターが、「生きていくためには新しいことを始める変化も大切だ」とピアノを一緒に弾くことを提案します。これまでのシンジは、誰かにケアされることなどないまま、他者から重すぎる期待や責務を課されながら、成功し続けなければいけない状況にありました。その中で営まれたコミュニケーションとは異なり、カヲルに誘われて始

めたピアノの連弾は解放的で、お互いを尊重し合うようなやりとりだったのです。
ピアノの連弾に象徴される、互いに気遣いや関心を向け合うようなコミュニケーションを経て、心の緊張がほどけていったシンジは、ピアノをもっとうまく弾きたいと願うようになります。

シンジ：どうしたらもっとうまく弾けるのかな。
カヲル：うまく弾く必要はないよ。ただ気持ちのいい音を出せばいい。
シンジ：じゃあ、もっといい音を出したいんだけど、どうすればいい？
カヲル：反復練習さ。同じことを何度も繰り返す。自分がいいなって感じられるまでね。それしかない。

そつなく器用に弾ける必要はない。不器用で構わない。そんな風にして、他者評価や同調とは関係のないところで音楽を作っていく二人の連弾は、「趣味」と呼んでよいものです。でも、心地いい音を生み出すには、ただ鍵盤を叩けばいいというわけにもいきません。そこでカヲルが提案するのが、「反復練習」です。

要するに、適切に営まれた趣味には、「自分がいいなって感じられるまで」手をかけ、作り直し、対話を続けるという要素が含まれるのです。その反復がいつまで続くかというときの指標が、誰かに認められるとか、役に立つとか、評価や成功につながるとかではなく、自分を納得させられるかどうかにあるというのも重要な点です。スイカ畑の加持を思い出させますね。

実のところ、このカヲルの発言は、何度も物語を反復してきた「エヴァ」制作陣の姿と重なっています。新劇場版シリーズを始めるにあたっての所信表明にはこうあります。

「エヴァ」は繰り返しの物語です。主人公が何度も同じ目に遭いながら、ひたすら立ち上がっていく話です。わずかでも前に進もうとする、意思の話です。曖昧な孤独に耐え他者に触れるのが怖くても一緒にいたいと思う、覚悟の話です。同じ物語からまた違うカタチへ変化していく4つの作品を、楽しんでいただければ幸いです。

登場人物たちが経験を繰り返すのと同じように、制作者たちは「何かを作る、何かを育てる」という経験を反復している。「自分がいいなって感じられる」まで続く物語の制作。

　ここまで説明すると、スマホ時代の哲学として孤独の重要性についてただ話すのではなく、わざわざ「エヴァ」を持ち出した理由がわかってもらえたことでしょう。この物語だけでなく、制作者の姿自体が、「何かを作る、何かを育てる」ことの中にある自己対話と反復性を表しているからです。ほんとよくできてますね、なんか。

「モヤモヤ」を抱えておく能力――ネガティヴ・ケイパビリティ

　何かを作る、何かを育てるという趣味が、自分の外側に消化しきれないモヤモヤした謎として何かを立ち現れさせるということを、「ネガティヴ・ケイパビリティ」という言葉を使って説明してみたいと思います。ネガティヴ・ケイパビリティは、ジョン・キーツというイギリスの詩人が提示した概念です。

　単に「ケイパビリティ」と聞くと、目標を達成する、何か行動に出る、問題を解決するといった積極的な能力を連想しますが、ネガティヴ・ケイパビリティはこれとは違っています。これは、押しの弱い消極的な能力です。これからいろいろな話をしますが、ネガティヴ・ケイパビリティは、「結論づけず、モヤモヤした状態で留めておく能力」のことを指しているという理解を手放さなければ、とりあえず付いて来られるはずです。

キーツがこの言葉を使ったのは、独特な世界を描き出すことのできたウィリアム・シェイクスピアの創作の秘密を説明するためでした。物語に登場する不思議なモチーフや登場人物、不合理な展開や説明のつかない要素などに、安易な説明や議論を与えず、謎や神秘をそのまま宙づりにしてストーリーを育てたからこそ、シェイクスピアは比類ない物語作家になりえたのだと考えたのです。

確かに、シェイクスピア自身が謎について十全な説明を持った上で物語を語っていたとすれば、読み手が物語から読みとることのできる思考や連想、イメージは狭い範囲に留まっていたでしょう。物語作家は、自分の描きつつある物語について安易な説明を与え、謎をかき消してしまわないほうがよさそうです。

キーツがシェイクスピアに見出したこの感覚を思わせる話を、現代を代表する作家の一人である村上春樹さんが語っています。

――小説を書いていると、いろんなものが出てくるじゃないですか。バットだとか、騎士団長だとか、鈴だとか、いろんなものが次々に出てくる。〔…〕一回出てきたものは必ずどこかでまた出てきて、話の中に組み込まれていく。それが何を意味するかとか、いちいち考えている余地はないですね。考え出すと足が止まってしまう。〔…〕頭で解釈できるようなものは書いたってしょうがないじゃないですか。〔作家にとって〕物語というのは、解釈できないからこそ物語になるんであって、これはこういう意味があると思う、って作者がいちいちパッケージをほどいていたら、そんなの面白くも何ともない。読者はガッカリしちゃいます。作者にもよくわかってないからこそ、読者一人ひとりの中で意味が自由に膨らんでいくんだと僕はいつも思っている。[*96]

何か特定の仕方でしか解釈できないものを物語作家は提示するわけではありません。読み手にいろいろな解釈を許し、そこから様々な場所へと歩いていける十字路のようなものを独自の仕方で組み合わせることで、物語は作られているということです。[*97]ランシエール（あるいはジャコト）の言葉を借りて、作家は「森」を作るのだと言ってよいかもしれません。ウンベルト・エーコも小説を森に喩えています（『小説の森散策』岩波文庫）。森は単一の体験を保証するものではなく、いろいろな順路や体験を許容するものです。つまり物語は、少なくとも理想的な物語は、どこまでも解釈を固定できない、固定したかと思えば、もっと深くまで潜ることのできる森として読者の前に置かれているのです。ネガティヴ・ケイパビリティという見方が教えてくれるのはこのことです。

時代を超えて様々な人を惹きつけたネガティヴ・ケイパビリティ

創造性の秘密についての議論だったネガティヴ・ケイパビリティは、それ自体が魅力的な謎となって人々を惹きつけ始めます。その言葉がどんな風に使われうるのか、それが許容できる範囲の全貌を誰も特定しきれず、それ自体が読者に様々な解釈を誘い始めたわけですね。キーツ自身がこの概念について精密な論理を与えたり、理論化をしたりしたわけではないことも理由としては大きいでしょう。いずれにせよ、いろいろな人が様々な再解釈を与え、自分たちの時代の経験へと変えていきました。だからこそ、この言葉は骨董品にならずに現代まで引き継がれているのです。

例えば、キーツの死後半世紀以上経ってから生まれた精神科医に、ウィルフレッド・ビオンという人がいます。精神分析学の一派である対象関係論に属する人なのですが、彼は、ネガティヴ・ケイパビリティを精神分析家に必要な能力として読み替えました。[*98]

ビオンは、ネガティヴ・ケイパビリティに相当するものを、「砲撃の下で考える」というフレーズで表現したこともあったようです。[*99]これは、世界大戦への従軍と、兵士のPTSD研究――彼自身がそれに悩まされたようですが――に裏打ちされたものでした。

彼は、診察室での精神分析家の位置づけを、戦場という「砲撃の下」で自分の行動や方策についていろいろと考えねばならない兵士と比較しました。戦場ではいつどのような攻撃が飛んできて、自分はそれにどう取り組むかについての予測がつかないし、状況を完全に自分で掌握することができません。

そうした戦場の兵士たちと同じように、診察室の精神分析家は、患者の反応や訴えの下にあり、そうした「砲撃の下」で考え続ける役割を負っているとビオンは考えました。[*100]不確実で、予測もコントロールもしきれない、リスクある場所に立っている存在だということです。

精神分析家は、患者の言動や心理状態、そしてその背景について考える必要があるけれども、それは容易な仕事ではありません。明確な見通しを立てることが難しく、不安定かつ不確実な状況に、分析家は取り組まねばならないからです。

不確実性の中で生きる私たちに必要なこと

安易に議論を押し広げることは、時に慎む必要はありますが、不確実性と不安にさらされ、見通しが悪く、明確な解釈を持つこともできない状況を生きつつ、他者や外界の情報に無遠慮にさらされているという点では、ビオンが精神分析家に求めた能力は、精神分析家ではない私たちにとっても参考になりそうです。

実際、キーツからビオンらを経て受け継がれたこの概念に対して、精神科医で作家の帚木《ははきぎ》蓬生《ほうせい》さんは、その種の再解釈を加えました。彼は、性急に結論を出さずに棚上げすることの創造性を説きながら、観察と想像を通して他者の体験の核心に迫っていくためのヒントを、ネガティヴ・ケイパビリティに求めています。[*101] キーツやビオンの照らし出したネガティヴ・ケイパビリティは、作家や精神科医だけでなく、私たちみなに必要な力だと示唆されているのです。

そして、帚木さんの著作を参照しつつ、この概念を文学作品との関連で再提示したのが、文学研究者の小川公代さんです。彼女は当初、女性の労働について研究する社会学の大学院生として過ごしていたものの、アンケートなどの社会調査を通じて女性たちの「経験」や「声」に近づくことの困難さを痛感していました。しかし、ケア倫理で知られるキャロル・ギリガンという心理学者の文章が転機になったそうです。ギリガンが本の一節で行った物語分析が人間経験の肌理《きめ》を繊細に表現していることに感銘を受け、文学研究の世界に分け入ることになったとのこと。*102

人間の経験に迫るためにこそ、文学を読む意義があるというスタンスがここにはあります。小川さん本人に聞いたことはありませんが、「想像の世界には、（ある面では現実よりも）色濃く細密に、人間の経験が表現されている」という感覚もあるのかもしれません。とはいえ、ここで注目したいのはそれではなく、こうした文学観の背後にある小川さんの「感じ方」です。

小川さんの文学観には、「人間の経験は、文学において謎や不確かさとして立ち現れており、把握したと思ってもこぼれ落ちるものが常にある」という感覚が流れているように思います。これは、正しくブルース・リー的な意味で「感じる」姿勢です。実際、小川さんの著作で「ネガティィヴ・ケイパビリティィ」という言葉が登場するのは、人の経験を知ることは難しいという話をしているときです。

誰かが生き、感じていることを簡単に説明しきれるとは思わないことが文学を読む上で大切なのだとすれば、社会学で小川さんが直面した他者の窺い知りがたさは、文学研究に移行することで、完全に解消されたわけではないでしょう。少なくとも、文学には何の謎もないなどとは小川さんも考えていないはずです。しかし、不確かさや謎を解消しきれないことは、悪いことではありません。むしろ、魅力の源泉になっているように思えます。

文学研究者は、（もちろん様々な作品を読みますが）同じ小説や詩を何度でも繰り返し読むこともあります。そして、その作品について解釈する様々な人の言葉を積極的に読むということもします。つまり、ある仕方で理解したと思っても、そこに安住しないのです。

こうした読みの姿勢には、文学という形で結晶した人間の経験の理解を終わりなく楽しむ姿勢があります。それを思えば、小川さんが社会学から文学へと移行したことは、「解釈」という終わりのない作業を楽しむ姿勢の表明に思えてきます。このことを考慮すると、「ネガティヴ・ケイパビリティ」は、人間の経験という尽きない謎と戯れる力として再定義できるのかもしれません。

ネガティヴ・ケイパビリティの二つの方向性

これまでの議論を整理すると、ネガティヴ・ケイパビリティには、創造と理解という二つの方向性があることがわかります。まず、趣味に取り組んでいるとき、作り育てているものは、私たちのコントロールや理解をはみ出しています。つまり、キーツがシェイクスピアの創造を説明するために用いたように、ネガティヴ・ケイパビリティは、生み出しつつあるものを安易に意味づけて特定の位置に落ち着け、単一のイメージに追い込むようなことをしないために必要な力だと言ってもよいでしょう。

二つ目は、理解に関係するものです。ビオンや帚木さん、小川さんの議論が示すように、何かを読む／理解するときにも、ネガティヴ・ケイパビリティという言葉が使われることがあります。安易に対象を把握できると思わないこと、自分は完璧ではないと疑う姿勢です。つまり、謎や問題にふれたとき、それをすばやく説明したり、簡単に納得したりせず、常に滲み出す謎の存在を感じたまま、謎や問いを自分と一緒に連れ歩く姿勢です。

いずれの場合も、消化しきれず、釈然とせず、理解しきれず、落ち着くことのできないモヤモヤした状態で過ごすことができるというイメージが共通しています。創造するときも、解釈するときも、謎や疑問、不確実性とともにあることができるかどうかということ。第1章で提示した「消化しきれなさ」「難しさ」「モヤモヤ」を腹の中に抱えておく能力には、ネガティヴ・ケイパビリティという名前がついていたわけです。

「創造のネガティヴ・ケイパビリティ」は、謎を謎のまま生み出すものである点で、何かを作り、育てる趣味にとって大切な能力です。他方で、「理解のネガティヴ・ケイパビリティ」は、作りつつあるものを観察したり、自分の感覚をふりかえったりして、制作や創作のやり方を調整あるいは再構成するときに重要です。執筆を例にとるなら前者は「書く私」、後者は「読む私」に関わっています。そして、この両者が協調することで、「書き直す私」(反復練習する私)は執筆を前に進めています。

もちろん、書くときには書いたそばから読んでいるし、読むときにも「どう書くのがいいんだろう」と頭の中で書いているため、この議論は単純化されています。なので、「創造のネガティヴ・ケイパビリティ／理解のネガティヴ・ケイパビリティ」という対比は、概念的には成立しても、実際には不可分で、現実ではほとんど同時に働いていると思ってください。[*103]

いずれにしても、ネガティヴ・ケイパビリティは、趣味が可能にする自己対話が、対話として成立するために避けがたく必要な能力なのだということをここでは確認しておきます。それが最も大事なことです。

しかし、これまでの議論からわかる通り、説明がすぐにはつけがたい事柄に対峙して、即断せずにわからないままに留め、飲み込まずにとっておく力は、常時接続を可能にする諸々のテクノロジーや習慣が弱らせ続けています。私たちは、ネガティヴ・ケイパビリティを進んで手放しているのです。

そうして育まれるのは、権威や手近な言説に答えを求め、自分の不安に説明をつけてほしがる人間です。ビジネス、社会、政治、私生活、いろいろな領域で「わかった気になりたい人」に思い当たるはずです。他人事ではなく、恐らく自分の顔が思い浮かんだんじゃないでしょうか。

それでも、消化しきれないものに接したり、難しいことを許容したり、時々はモヤモヤした状態になったり、釈然としないまま我慢して、安易な理解に飛びつかないでいたりすることは、とても大切なことだと本書で繰り返し指摘してきました。

哲学することは、ネガティヴ・ケイパビリティを育てること

創造のネガティヴ・ケイパビリティについては、趣味との関連で論じてきました。趣味の中で、自己対話のきっかけをくれるような謎を、そのまま謎として確保しておく力です。ここでは、理解のネガティヴ・ケイパビリティについてもう少し考えてみましょう。

哲学する上で、理解のネガティヴ・ケイパビリティは欠かすことができません。哲学の営みが、2500年間の会話を聞きながら考えることなので、多かれ少なかれ、「読む／知る」ことが伴うからです。安易な説明や意味づけを拒否する力は大切です。

哲学書を読むとき、いったんは主導権を「あちら側」――難解な文章を書いた哲学者の側――に置く必要があります。そうでなければ、安易な理解に飛びついて、「はー、こいつまた意味不明なこと言ってる」「こいつ矛盾したこと言ってないか？」「わざわざ難しいこと話して混乱させとるやろ」などといった感想を抱きかねません。

こんな学び方は、「堂々巡り」「自己中心的に歩く」「迷宮」みたいなアプローチであって、

どこにも行けません。私たちの側の「理解」が意味不明だったり、矛盾していたりする可能性を考慮していないし、「自分の愚かさに居直っている」かのようです。オルテガが言ったように、自分が迷っていると自覚しない人は、現実に対峙することができません。

これを踏まえて本書なりの文脈で再定義するなら、ネガティヴ・ケイパビリティは、自分こそが迷っているのではないかと自問する力のことだと言えるかもしれません。そうすることで、謎からいろいろな問いを投げかけられる関係を確保することができるわけです。

自分の中に安易に答えを見つけようとせず、把握しきれない謎をそのまま抱えておくことで、そこから新しい何かをどこまでも汲み取ろうとすることは、哲学や人文知を通して身につけられる姿勢だと私は思います。ちなみに、第2章の最後で述べた哲学を歩くときの三つの注意点は、哲学に触れるときに求められる「理解のネガティヴ・ケイパビリティ」を実践的な指針として言い直したものだと言えます。

孤独の中で、モヤモヤと付き合っていく

多くの読者は、いろいろな概念、つまりいろいろな知識と想像力を学ぶために、この本に手を伸ばしたのだと思います。しかし、自分の中にある「考え」を疑ったり、安易に説明をつけたがる習慣にブレーキをかけたりすることのないままでは、その目標は達成しづらいはずです。少なくとも、無用な遠回りをすることになるでしょう。

自分の内側で堂々巡りしている人は、落ち着き払って哲学者の言葉を解釈します。安易な疑いを向けたり、斜に構えて自分の意見や理解を語ってみせたりして、チェリーピッキング的な学びに陥る。しかし、それこそが問題です。

そもそも私たちが何よりも学ぶべきなのは、自分の手元にある理解を疑い、点検していく姿勢、つまり、自分自身の思考への警戒心だという話でしたよね。ゾンビ映画ですぐ死ぬやつくらい迷走しているかもしれないと思ったほうがいい。そうでなければ、自分の偏見に沿って物事をまとめ直し、それでわかった気になってしまうからです。

もちろん、ある哲学者の本を読むとき、その人に何から何まで同意して共感しろという

ことではありません。そんな安易なことを書くわけもありませんし、そんな風に言う人が哲学の研究をしているとしたらびっくりです。あちら側の世界観やリアリティの端々にまで、同意し共感する必要などないに決まっています。

それでも、書き手が経験したのと同じ「砲撃の下」に立ち、どんな問題意識を持っていたかを理解しつつ、議論の中で使われているいろいろな概念をできるだけ理に適った仕方で扱うというプロセスは、何かを学ぶ上で避けられません。結果的にそれは、不確実性と不安に満ちた世界で生きるために役に立つと私は考えています。こうした理解のプロセスが、ネガティヴ・ケイパビリティを育んでくれるからです。

私は循環したことを言っていると思われるかもしれません。「ネガティヴ・ケイパビリティを身につけるために、ネガティヴ・ケイパビリティを発揮して哲学に取り組もうなどと言うのはおかしい」と。しかし、これは「走る力を伸ばしたいなら、走り方に気をつけて実際に走ってみるしかない」と言っているのと同じです。あるいは、「文章をたくさん正確に読めるようになるには、文章をたくさん正確に読もうとしてみるしかない」ということです。この循環に、何の不思議もありません。ネガティヴ・ケイパビリティは使わなければ育ちません。

「消化しきれなさ」「難しさ」「モヤモヤ」と対峙する能力としてのネガティヴ・ケイパビリティ。哲学を学ぶとき、他者の想像力という消化しがたいものを前にするからこそ、哲学することはネガティヴ・ケイパビリティを育てる反復練習にもなっているのです。

まとめておきましょう。趣味には孤独を可能にする力があります。自分の外側に謎を作り、その謎と繰り返し対峙し、それから様々な問いを受け取る中で、一種の自己対話が実現される可能性があるということです。そして、ネガティヴ・ケイパビリティという視点から見ると、その謎に安易な説明を与えずに、把握しきれない部分を許容しつつ謎とともにすごすことが大切だということになります。

そして、ネガティヴ・ケイパビリティという見方は、何かを生み出すときや何かを繰り返し作るときだけでなく、他者の経験を理解したり、未知を学んだりするときにも必要です。誰かの経験をその人の視点から理解したいと望むとき、安易な説明や意味づけに回収せずに、不確実性や疑念の状態に耐えねばならないからです。謎（他者）を安易に「自分のわかる範囲」に回収しない能力だということなので、ネガティヴ・ケイパビリティは自己対話を成り立たせている能力だと言えます。

コラム

異なるイメージの言葉を重ねる意味、文化と哲学を織り交ぜる理由

『スマホ脳』『デジタル・ミニマリスト』『今すぐソーシャルメディアのアカウントを削除すべき10の理由』をはじめとする、「スマホを捨てろ」「SNSをやめろ」、あるいは「使用を制限しろ」と主張する議論は、ネット記事や書籍などで割合人気があります。

その警戒心は妥当なものだと思うのですが、危機感を煽りすぎている上に、大半の人が実践できない議論になっているというのはすでに指摘した通りです。しかも、この種の脱テクノロジー的な路線の議論は、ただ無理な提案であるだけでなく、なぜか多くの人に「問題があるけど、でも自分だけは大丈夫」と例外処理させてしまうところがあります。*104

また、「○○するな」という禁止型のアプローチは、かえってその対象への関心を高めてしまうものです。心理学者のダニエル・ウェグナーを中心とする研究で提示された「シロクマ現象」を念頭に置いています。「シロクマについて考えない」よう指示されても、非常に高い割合で、そのことについて考えてしまう、というものです。これを踏まえると、スマホやSNSの禁止は、むしろそれへの関心を喚起するやり方だと言えそうです。

なので、こういう議論に私は乗れません。私の考えは、スマホが手放せないことを前提にしつ

つ、スマホによって失われがちな孤独を確保する方法、そして、スマホによって加速されがちな寂しさとうまく付き合う方法を考えることこそが大切だというものです。

さらに、書店で売られている「孤独」や「孤立」を擁護する本は、諸々の業界でそれなりの地位を築いた、経済的に豊かな高齢の男性によって書かれたものが大半で、かなり独特なバイアスがかかっており、しばしば上から目線で説教臭いものでもあります。この種の議論は、絶対に避けたいと考えました。こうした「孤独」や「孤立」の語られ方は、前章のコラムで書いたように、「孤独」や「観照」という概念に付随することのある特権意識やナルシシズムにも通じています。哲学は、「普通の人々」とは違う仕方で、超然と思索することだというイメージを持つ人は今でも多いはずです。しかし、これには大いに問題がある。

そこで私が選んだのは、「趣味」という軽くてラフな言葉に、独特の連想を持たせながら、「孤独」概念と結びつけるというやり方です。語感が全く異なる「趣味」という言葉を使うことで、「観照」や「孤独」の持っていたナルシシスト的で深刻で美化された雰囲気は剥がれ落ちるだろうと考えたのです。

「エヴァ」のセリフを解釈するという、(世の中の哲学への印象からすると)「軽い」やり方を選んだのも同じ理由からです。従来の「エヴァ」論のようにストーリー展開を追ったり、神話的モチーフや細かな設定の謎をオタク的に解読したりするのではなく、「スイカを育てる」という些細なシーンを取り上げて論じたのも、「孤独と趣味」という一連の概念を定式化するプロセスそのものを通じて、趣味を哲学的に扱い、哲学を趣味的に扱うことの軽快さを伝えられると思ってのことでした。*105

こうして文化のテクストと哲学のテクストをジャンクに織り交ぜるやり方は、「哲学の終焉」を宣言し、新たな哲学の展開を模索したリチャード・ローティ、あるいはもっとさかのぼると、学問のジャンル分けを気にせずに哲学し続けた鶴見俊輔やジョン・デューイのような先駆的な哲学者たちのスタンスに倣っています。

反復や繰り返しを肯定的に扱う視点は、「エヴァ」シリーズだけでなく、拙著『鶴見俊輔の言葉と倫理』（人文書院）の第三部、そして、リチャード・セネットの『クラフツマン：作ることは考えることである』（筑摩書房）を念頭に置いて育てられたものです。

＊73 アンデシュ・ハンセン（久山葉子訳）『スマホ脳』新潮新書、2020、136-152頁
＊74 シェリー・タークル『一緒にいてもスマホ』110頁
＊75 松岡真宏『時間資本主義の時代：あなたの時間価値はどこまで高められるか？』日本経済新聞出版、2019；鈴木謙介『誰もが時間を買っている：「お金」と「価値」と「満足」の社会経済学』セブン&アイ出版、2019
＊76 加えて、いいねがたくさんついたり、人に話題にされたりすることは、ギャンブルのような気持ちよさがあるという点も考慮に値します。同じようなことをしても、いい反応が必ず返ってくるわけではないというように、報酬にランダム性があることが「もしかしたら」という期待を抱かせ、ギャンブル的な快楽や依存性をもたらしています。スマホが私たちの報酬系をうまく利用しているという議論は、『スマホ脳』でも論じられています。ただし、『スマホ脳』のような柔らかくて一口で食べやすい単純化された議論は、消化しにくい現実の難しさや複雑さを反映していないかもしれないと疑う目も持ってほしいと思います。
＊77 アンデシュ・ハンセン『スマホ脳』137頁
＊78 社会学者の北田暁大さんは、新しいメディア技術（携帯電話）の登場を背景としながら、意味伝達志向と接続志向（つながりの社会性）を対比的に論じています。北田暁大『増補 広告都市・東京：その誕生と死』ちくま学芸文庫、2011
＊79 シェリー・タークル『一緒にいてもスマホ』51頁
＊80 Mary Helen Immordino-Yang, Andrea McColl, Hanna Damasio, & Antonio Damasio, "Neural Correlates of Admiration and Compassion," *Proceedings of the National Academy of Sciences*, 106 (19), 2009, p.8024, doi:10.1073/pnas.0810363106

＊81　ヤマシタトモコ『違国日記　5巻』祥伝社、2019、第21話のエピソード
＊82　Yang, McColl, Damasio & Damasio, "Neural Correlates of Admiration and Compassion"
＊83　ハンナ・アーレント『全体主義の起原3：全体主義　新版』349-350頁
＊84　Yoshihiro Tanigawa, "Loneliness and Watermelons," in Christian Cotton, and Andrew Winters, eds., *Neon Genesis Evangelion and Philosophy: That Syncing Feeling*, Open Universe, 2022, pp.113-27
＊85　日常の語感と違うのは十分伝わったと思うので、以降は〈趣味〉の山括弧を外します。
＊86　ハンナ・アーレント『全体主義の起原3：全体主義　新版』349-350頁
＊87　細かく言えば、もう一人のシンジになった敵（使徒）とシンジの対話です。しかし、どちらが敵でどちらがシンジ本人かを指定することができない会話になっているので、これは、実質的にはシンジの内なる対話だといえます。
＊88　「分人」は、小説家の平野啓一郎さんが提示した造語で、人間を一人で完結した単一の存在として捉えるよりも、状況や関係性で複数のありようを見せるものとして捉えたもの（平野啓一郎『私とは何か：「個人」から「分人」へ』講談社現代新書、2012）。私は彼の議論には一部批判的です。私たちが容易に自分を一色に染め上げ、自分の多様性を自分で「なかったこと」にしてしまいがちであることを無視しているからです。平野さんは、情報技術によって今後も人々の分人は増えていくと素直に想定しているのに対して、本書は、寂しさを加速させるスマホや自己啓発文化などが自己の単数化を促していることを踏まえ、自分の中に意識的に他者を住まわせ、自己をもっと複数化させる必要性があると主張しています。本書と平野さんの分人主義の違いであり、アップデートされているところです。ちなみに、「初恋の悪魔」（2022）というドラマには、「私の中に肉じゃがとコロッケがいる」という声に出したいフレーズが登場し、多重人格のモチーフが扱われていますが、それも自己の複数性を指すものとして読み解けます。

＊89　伊藤亜紗『ヴァレリー　芸術と身体の哲学』講談社学術文庫、2021、58頁

＊90　同前

＊91　この箇所を書き直しながら、スイカ栽培や詩作だけでなく、例えば猫や犬を育てることも、この意味での「趣味」に入れてよい気がしてきました。猫や犬はコントロールしがたく、通常は評価やメリットのために育てるものでもないからです。でも、話が複雑になりそうなので、ひとまずは何らかのモノを作ることを念頭に置いて書くことにします。ただし、趣味はそういう解釈を許容しうる概念です。

＊92　横地早和子『創造するエキスパートたち：アーティストと創作ビジョン（越境する認知科学6）』共立出版、2020、91-101頁、168頁

＊93　同前、167頁

＊94　明言されているわけではありませんが、同前、197-198頁にその種の示唆があります。

＊95　伊藤亜紗『ヴァレリー　芸術と身体の哲学』25頁

＊96　川上未映子・村上春樹『みみずくは黄昏に飛びたつ　川上未映子　訊く／村上春樹　語る』新潮文庫、2019、144-145頁

村上さん自身は、ネガティヴ・ケイパビリティがどうこうと言ってはいません。それに相当することを語ってくれているだけです。

＊97　ちなみに、村上さんも完成するまで何度も何度も書き直すことを自分に課していると同じ本の中で語っています。

＊98　Wilfred Bion, *Four Discussions with W.R. Bion*, Clunie Press, 1978, pp.8-9 など

＊99　Lawrence Brown, "Bion's discovery of alpha function: Thinking under fire on the battlefield and in the consulting room," *The International Journal of Psychoanalysis*, 93 (5), 2012, pp.1191-214 doi:10.1111/j.1745-8315.2012.00644.x

＊100　cf. Nicky Glover, *Psychoanalytic Aesthetics: An Introduction to the British School*, Phoenix Publishing House, 2018, p.105

＊101　帚木蓬生『ネガティブ・ケイパビリティ：答えの出ない事態に耐える力』朝日新聞出版、２０１７、５－６頁
ちなみに、帚木さん自身はビオンの本から直接ネガティヴ・ケイパビリティについて知ったのではなく、ビオンからその概念を受け取った人を通じて知ったそうです。

＊102　小川公代『ケアの倫理とエンパワメント』講談社、２０２１、11－15頁。「文学をケアの視点から読む」「文学の中の他者経験を理解するにはネガティヴ・ケイパビリティが必要」「ケアにはネガティヴ・ケイパビリティが必要」などの立場が組み合わされており、実際の議論はもう少し複雑なので、詳しくは実際に読んでみてください。

＊103　そもそも、何かを解釈すること自体も何かを作り育てることだと捉えれば、実はこれらに区別をつける必要はありません。作品を「制作者の意図伝達の装置」と捉える見方は、説得的な議論として成立しがたいため、解釈と制作のどちらも一種の創造だと考えるのがよいと思っています。ただし、趣味という概念の許容範囲を広げて話すと説明が複雑になるので、さしあたり一般的な意味での「作る」を念頭において本文を書くことにします。

＊104　この種の話題について、どれほどの数のAmazonレビュー、紹介動画、感想ツイートがあるかを調べれば、自分だけはスマホやSNSのデメリットから無縁でいられると信じているらしい人の多さを実感できるはずです。

＊105　そうはいっても急に「エヴァ」の話をすると浮くので、前章で「燃えよドラゴン」の話題を唐突に挿入しています。そちらが先にあるので、恐らく「エヴァ」に特異な印象はなかったのではないかと思います。

第5章

ハイテンションと多忙で退屈を忘れようとする社会

〈孤独〉を確保するために〈趣味〉を持つことは大切だ。しかし、〈趣味〉を持ったら、もうそれで全部問題なし、というわけにはいかない。私たちの不安、〈寂しさ〉の問題はとても根深いからだ。

本章ではポストフォーディズムと呼ばれる現代の経済文化に注目し、私たちがどういうしんどさを抱えざるをえないのか、そして、その社会的条件が個々のメンタルヘルスにどんな影響を与えているのかを見ていく。

現代社会のしんどさを乗り切るべく、自己啓発でテンションを上げるとき、私たちは、ポジティヴで危うい結論に飛びついているのかもしれない。〈孤独〉や〈趣味〉を礼賛するだけの安易な話にならないように、今一度、思考の足取りに慎重さを取り戻すことにしよう。

活動的であることは虚しい？
――パスカルと気晴らしの哲学

前章では「趣味」という日常的な言葉を使ったので、何かに没頭することが直ちによいことであり、何にも熱中できない状態を嘆くべきものだと思われたかもしれません（〈趣味〉という言葉に日常の語感を投影して読むのは誤りなのですが）。けれども、数学者としても著名な17世紀フランスの哲学者ブレーズ・パスカルは、死後に出版された『パンセ』という本で、これとは一見逆のことを言っています。

ある断章には、「人間の不幸というものは、みなただ一つのこと、すなわち、部屋の中に静かに休んでいられないことから起こるのだ」とあります。例えば、「社交や賭け事の気晴らしを求めるのも、自分の家に喜んでとどまっていられないというだけのことだからである*106」。

そもそも、人間は何か取り違えた生き方をしている、虚しい生き方をしているとパスカルは考えていました。そうは言っても、「積極的に行動し、進んで人と交流を持つことは虚しい」なんて断言されてもピンときませんよね。現代の感覚からすると、「行動的ですね」「活動的な人だ」と言われたら、なんとなくうれしくなる人が多いはずです。その価値を、パスカルはどうして疑ったのでしょうか。

熱烈な野球ファンを例にしましょう。この人は、自分の応援するチームが勝つことに自分の幸せがあると思っています。自分の応援するチームを必死に応援し、勝ってほしいと心の底から望み、監督でもないのに選手の布陣についてあれこれ議論して時間を費やしているはずです。スポーツバーで試合を見たり、SNSでも誰が選抜されるか、あの選手の怪我はどうか、監督の采配がどうかなどについて話したりするのは、きっと楽しいことでしょう。

しかし、それほど勝ちを望んでいるにもかかわらず、応援チームが賄賂などによって勝利を確保していたとすれば、その人は怒り出すに違いありません。その意味で、この人は「チームの勝利」を望んでいるわけではないのです。

パスカルは、似たようなことを、ウサギ狩りに行こうとする人にウサギを渡したり、ギャンブルを楽しんでいる人に儲け分を予め渡したりするといった喩えを出して説明しています。私たちが熱中している活動の結果――上の例で言えば「ウサギ」や「儲け」――は、実際には活動の目的ではない、と。

活動で、退屈や不安から気を逸らしている

では、何が本当の目的なのでしょうか。パスカルは、「退屈や不安から目を逸らすこと」にほかならないと考えました。曰く、あらゆる活動や交流は、人間の抜きがたい退屈や不安から目を逸らすための「気晴らし（divertissement）」なのだ、と。

「気晴らし」は、かつて「気散じ」とも訳されていました。退屈や不安は、いずれ死が訪れるという人間の悲惨な運命を思い出させるものです。そういった気分から注意を逸らし、発散させているというニュアンスがここにはあります。気散じ（＝注意が分散している）というのは、人が自分の悲惨さに注意を向けることを怠っていることから来ている言葉です。ちなみに、パスカルが人間を「葦《あし》」という頼りないものに喩えたのも、人間が悲惨な運命を持っていると考えたからでした。

より悪いことに、人間は単に気晴らしするだけに留まりません。気晴らしの諸活動を通して、つまらない虚栄心や承認欲求を満足させようとしているのです。説明の事例として

パスカルが持ち出すのは、ビリヤード、研究、そして戦争です。

だが、いったい何が目的でこんなこと（＝ビリヤード）をするのだと、君は言うだろう。それは、翌日友人たちのあいだで、自分はだれそれよりも上手にプレイしたと自慢したいためなのだ。同じように、他の人たちは、それまで誰も解けなかった代数の問題を解いたということを学者たちに示したいために書斎の中で汗を流す。そしてまた、あんなにたくさんの他の人たちが、後で彼らが占領した要塞について自慢したいために極度の危険に身をさらす。それも私に言わせれば同じように愚かなことである。[*107]

なかなか攻撃力が高いというか、「ウッ……」ってなる言葉ですよね。パスカル自身が数学者なので、これは自分に向けた言葉でもあるでしょう。

スタバの新作フラペチーノを買うのは、スタバでフラペチーノを買っている自分を買うためであり、何か名の知られた人たちと交流するのは、そういう人たちと一緒にいる自分として満たされるためである。こんな風に、パスカルの発想はたいていの活動に当てはまります。

注意してほしいのですが、虚栄心や承認欲求を指摘する論法は、他者を傷つけるために磨かれた議論ではありません。「結局人は承認欲求のために動いている」「自慢するためにやったんでしょ」「プライド高いからな、あいつ」「そう言っているのは認められたいからだ」などと指摘して悦に入るような人間のことを、パスカルは「最も愚かな者」と呼んでいます。[*108] こういう人間は、最も愚かな「気晴らし」に終始しており、醜い虚栄心をこじらせていると考えたのです。ウッ……。

新型コロナウイルスで、私たちは「気晴らし」を奪われた

パスカルによると、人間は、そもそも虚しくつまらない存在です。死すべき定めを持っており、そのことを意識させる退屈や不安に耐えられず、つかのま、それから目を逸らすために様々な活動や交流に手を出してしまうのです。人間の文化的な活動は、総じて、こうした根源的な倦怠《けんたい》（ennui）を忘れるために体系的に構築された気晴らしにすぎません。

さらに悪いことに、ここに私たちの虚栄心や承認欲求の問題が積み重なります。ソーシャルメディアや、動画やニュースのコメント欄などで、騒がしい言葉のやりとりを見たこと

のあるはずの現代人にとってパスカルの指摘は他人事ではありません。

　こうしたパスカルの哲学には、私たちの生き方を問いただす力があります。彼の哲学にふれると、「何か大切なことを見失っているのではないか」と自問せざるをえなくなるんですよね。

　パスカル自身は、神学者として信仰の重要性を説得するような議論に移っていきます。悲惨で脆い人間が頼りうる唯一の縁《よすが》としての信仰。そこには非常に魅力的な論点があるのですが、ここでは脇に置きましょう。*109

　代わりに思い出したいのが、緊急事態宣言、つまりパンデミック下の外出制限によって、気晴らしの限られた時間を生きていた時期のことです。新型コロナウイルスの流行によって、自宅等にこもることを余儀なくされた人の中には、心身の調子を崩す人が多く見られ、「コロナ鬱《うつ》」という言葉も生まれましたね。

　鬱病や不調のトリガーはいろいろあったと思うのですが、ため込んだストレスを、外出や旅行によって発散できなくなったというのは、大きな要因の一つだったでしょう。パスカル的に言えば、私たちの多くは、自宅隔離によって「気晴らし」の大半にアクセスできなくなり、不安や倦怠、退屈に直面せざるをえなくなったわけです。しかも、大半の人が不安をうまくやり込められなかったからこそ、「コロナ鬱」は社会問題化しました。

緊急事態宣言中、私たちはどうしていたでしょうか。生活のどことも知れない場所から湧きあがってくる憂鬱や倦怠から気を逸らすべく、ＳＮＳやYouTube、Netflixを駆使して、刺激を入れ、取ってつけたように形ばかりの「趣味」を作って、それをまたＳＮＳやYouTubeに上げ……[*110]。「おうちで○○」など、多くの人が連呼していたはずです。こんな景色は珍しくありませんでした（私もそんな感じでした）。

ここには、気晴らしを失ったからこそ、かえって過剰に気晴らしを求める人間の悲哀があります。退屈であることに耐えられず、それをごまかし、忘れさせてくれる刺激を、気散じを求めているのです。

パスカルは、気晴らしについての文章の最後、人間にとって気晴らしは、「それなくしては惨めになるほど必要なものだ」と書きつけています。気を逸らさなければ、事故や失敗、将来の不安などについて考え、どうしようもなく恐怖や悲しみに取り憑かれてしまう。そういう心配事がないときでも、「倦怠が、自分かってに、それが自然に根を張っている心の底から出てきて、その毒で精神を満たさないではおかないだろう」[*111]。

「はじめに」で、生きていれば必ずいつか躓く、という話をしましたが、パスカルは、人はそういう惨めさから逃れられないと考えていました。「倦怠」が心の底に根を張っている、それが人間という生き物であり、私たちは「気晴らし」によって普段それに蓋をしている。人が何かに夢中になり、没頭しているように見えても、それは寂しさ（倦怠）に駆られた結果であって、孤独が伴っていないかもしれないのです。[*112]

自分の奥底で眠る倦怠や不安から目を逸らすべきではない

パスカルの議論は、かなり説得力があるものなのですが、攻撃力が高すぎて私たちの生のすべてを切り捨てかねない鋭さがありますね。そのエッジの効きすぎた想像力では、これまで論じてきた趣味もまた切り捨てられかねません。趣味の大切さに納得してもらった人たちなら頷いてくれるかと思うのですが、彼の言葉は、生活に取り入れるにはあまりに深刻で重たく、真顔すぎるのです。利害や評判などとは関係のないところで、何かを作り、育てるという趣味を持つことは、それなりに豊かだし、スイカ栽培やピアノの連弾のように、楽しさとともに孤独を可能にしてくれることも、私たちにとっては大切ですよね。

それでもやはり、パスカルの厳しすぎる視線から学ぶべきものはあります。趣味に取り組んでいるつもりでいても、ふと気を抜いた途端、無意識に「自分は大丈夫だ」と考えてしまい、寂しさに振り回されて、評判を得たい、自尊心を満たしたいと考えて行動した結果、趣味から孤独（自己対話）を失わせてしまうことはあるでしょう。パスカルの言葉は、私たちの捨てきれない浅ましさを思い出させてくれます。

つまり、「趣味に取り組みさえすれば自動的に何の心配もなくなる」などというううまい話はなく、ゾンビ映画の主人公のように、静かに警戒を続けるようなスタンスを維持し続けなければなりません。パスカルの攻撃力は、そういう注意深さや警戒心を思い出す上で役に立ちます。存分に、「ウッ」ってなってください。

それに、退屈や憂鬱、不安から逃避するためだけに、あくせく刺激を求める生き方を避けるべきだというパスカル哲学のノリそのものにも、学ぶべきところがあります。人間の心の奥のほうでうごめくものに目を凝らすパスカルの身振りです。あまりに深刻で悲観的だとはいえ、人間の奥底で眠っている倦怠、人間の悲惨さを「ないもの」として扱うべきでないというのは確かにその通りです。

本書の残りを通じて、この論点を深めていきたいのですが、その下準備として、本章では、メンタルヘルスをキーワードにしつつ、今日の私たちが必死に気晴らしをしてしまう社会的条件（＝ポストフォーディズム）を理解することにしましょう。その検討を通じて、今日の社会的条件が何をもたらしているのかを知ることが、本章の目的です。まず、17世紀のパスカルが直面する必要のなかった、現代特有の事情を見に行くことから始めます。

テンションを上げないとまともに生活できない

パスカルが念頭に置いていた人間像を思い出しましょう。あくせくいろいろな活動や交流で自分を取り巻き、気晴らしを求める落ち着きのない存在、それがパスカルの認識でした。ここには、無理してテンションを上げているかのような姿勢が垣間見えます。自己肯定を通じてテンションを上げなければ、社会生活を乗り切れない、というような。実のところ、現代社会はこうした傾向を極端に加速させたような特徴を持っています。

では、17世紀のパスカルから、視線を現代へと移動させますね。社会学者の鈴木謙介さんは、現代の若者の就職活動について語ったインタビューで興味深いことを述べています。

例えば、就職活動を始めた段階で、彼らは適職探しを強いられる。本来、適職とは、経験や実績、人間関係の積み重ねの上に見いだされるはずのものである。だから、ほとんど就労経験のない学生に、どういう仕事が向いているのかと聞いても分かるはずがない。しかし、無理にでも「これが私のやりたい仕事です」と自分を盛り上げなければ、就職試験には臨めない。けれども、もともと無理があるのでハイテンションな状態は長続きしない。長続きしないがゆえに落ち込み、落ち込むがゆえにハイテンションが要求されるという循環に陥る。[*113]

このインタビューでは就活を例に説明されていますが、こうしたメンタリティそのものは現代社会に広く見いだされるものだとされます。[*114] テンションを上げなければ、まともに生活を送ることもできないが、ハイテンションは持続せず、でもその状態でいられないので、無理にでもテンションを上げることを私たちは繰り返している、というわけです。

このメンタリティは、「ハイテンションな自己啓発」とも呼ばれています。頑張れば何とかなるはずだという価値観、適した仕事があるはずだという幻想、先行き不透明な社会、流動的な雇用、将来への漠然とした不安が絡まり合い、躁《そう》状態と鬱状態を繰り返すような自己のあり方に変質してしまっていると考えられたのです。

こうした心のありようの変化は、現代人のメンタルヘルスに直接的な影響を及ぼしている可能性があります。ＷＨＯ（２０２１）によると、世界の鬱病患者は成人の5％、つまり約２・8億人います。[＊115] 相当な数ですよね。世界の医療的な診断基準・診断分類のスタンダードとなっている「ＤＳＭ」が１９８０年代に改訂され、「鬱病（depression）」とされる範囲が広がったこと、80年代末から90年代にかけて新世代の抗鬱剤が登場し、製薬業界による世界的なマーケティングが行われ、鬱病の認知が広がったという事情が、この多さに関係しています。[＊116]

鬱病をはじめとする精神疾患がありふれたものになるにつれて、それはますます個人の問題になりました。こうした自己責任化の流れによって、「多くの人々が、多かれ少なかれメンタルヘルスの病を抱えながら、それを薬でコントロールしていく、というライフスタイルが常態化」しているのです。[＊117]

メンタルヘルスが自己責任化されると、問題の社会背景が見えなくなる

精神疾患やメンタルヘルスは、個々人の問題であるという「常識」の背後にあるものをマーク・フィッシャーは、精神病理の「化学―生物学化（chemico-biologicalization）」と呼んでいます。鬱病などの疾患が、脳内（化学）や神経学（生物学）のレベルの話題になってしまうということです。*118

メンタルを病む／病まないといったことが、「器質」（生体組織）だけで説明されるものになってしまうと、私たちが選びうる方策は「投薬」だということになります。つまり、鬱病が器質の問題（「あなたが病気なのは脳内の化学物質のせいです」）であるからこそ、それは投薬の問題になってしまう（「この抗鬱剤であなたを治療することができます」）。ここに社会の話題が一切登場していないことに注目してください。異常な働き方を強いられたり、上司から延々と呪いのようにからかわれ続けたりしていたとしても、精神疾患は、その個人の話題、つまり、その人が投薬治療を受けるかどうかという問題になってしまうのです。

いやいや、投薬だけじゃなくてカウンセリングもあるでしょ、と言いたくなるかもしれません。しかし、カウンセリングを付け加えても、問題の構図は変わりません。個人を変えさえすれば、鬱病や適応障害は何とかなるのだから、社会環境の側を変える必要がないということになりかねないからです。例えば、劣悪なハラスメントが常態化したとある会社が、カウンセリングを利用して、適応障害を起こした当事者の「ものの見方」を変えることで問題を解決しようとするといった事態を想定できます。この対処法は、「個人がカウンセリングを受ける」ということであって、この会社が、職場や働き方を改善しないでおくための理由を与えてしまっています。

やがて鬱病がもたらす社会的損失についての認識が広がり、日本でも２０１５年に改正労働安全衛生法が施行されました。これに基づいて、50人以上いる事業所では、毎年一回のストレスチェックがすべての労働者に対して義務化されています。この制度は、鬱病予防や自主管理（必要があれば心療内科や精神科の受診）を促すことで、労働者がメンタルヘルスを自己管理することを助けようというもので、結局「個人の問題」にされがちなのは変わりません。

文筆家の木澤佐登志《きざわさとし》さんは、企業の側がどう都合よく人を働かせようとしているかという事情を踏まえ、こうした社会のあり方を次のように（批判的に）まとめています。

企業側にとっての関心事は、被雇用者が「どれだけ（ストレスに）耐えられるか」であって、耐えられないと判断すれば過労死される前に解雇すれば済む話なのだ（そう、代わりはいくらでもいる）。[*119]

絶えざる成長を求めることとメンタルヘルスは関係している

哲学者のマーク・フィッシャーは、若い世代をはじめとして鬱病や適応障害を起こしている人が急増しているという統計データを確認しながら、絶えざる成長を要求する現代の経済文化が、鬱病を急増させていると指摘しています。[*120]

現代の経済文化に対してはいろいろな命名がなされています。ここでは、工業製品や成果物を売りさばくことを念頭に置いたフォーディズム以降の、サービスや体験を中心とするロジックで構成された経済文化だという意味で、「ポストフォーディズム」と呼ぶことにします。ポストフォーディズムでは、縦割り的に特定の事柄だけを見るのではなく、トータルな視点が要求され、次々と変化するニーズや社会状況に合わせて、自分たちの仕事を適応させていくことが求められます。あるときの成功例が、次の年には陳腐化しているような状態です。

ポストフォーディズムのキーワードは、フレキシビリティ（柔軟性）。絶えず変化する見通しの悪い状況で、常に新しく学び、その都度立ち上げられるプロジェクトで異なる仲間と協調しながら、新しい成果を出し続けていくことが求められます。つまり、いつまでも学び続け、いつまでも変化に適応し、いつまでも成長し続ける人材であること。

ここで目指されているものを、「柔軟な適応性」と呼ぶこともできます。新しい目標が立てられたら、昨日までと違っていたとしてもそれに飛びつき、これまでのスキルが役立たなくなったら、研修や教育を厭《いと》わずに新しいスキルを身につけることができる人材。「予測不可能な出来事に対応する能力を身につけ、完全なる不安定状態、つまり、（醜悪な新語だが）『プレカリティ』の状態で生きることを学ばねばならない」のです[*121]。

こうした経済文化において、教育は生涯化し、労働と暮らしの境界は曖昧になります。働く人には、研修や訓練が絶え間なくあり、ホワイトカラーの間では、自宅でも勤務したり、勤務先を自宅にしたりすることがスタンダードになっていく。[*122] 一定の技能を習得した上で階層を厳格に上昇していくというイメージをもう持つことはできない。終身雇用と年功序列のような雇われ方は期待できず、「組織から組織へ、役割から役割へと所属を変えながら、定期的に再学習する（re-skill）ことが求められている」。[*123] ポストフォーディズムという言葉で表現されるのは、このことです。

こういう社会経済的条件の下で失われるのは、安定性や将来の見通し、長期的視野です。実際、企業が「長期」について語るときは、せいぜい10年先くらいのことです。他にも、社内のキャリア教育研修などで「長期目標」が語られるとき、講師によるでしょうが、3、4年先くらいを「長期」と呼んでいることが多いはずです。

冷静に考えると、「いやいや、そんなん短すぎでしょ」ってなりませんか。一人の人生、ひいては社会の継続性の中では、微々たる時間です。7、8年かけて本を書き、[*124] 学部から数えると10年かけて博士号を取得してきた身なので、特にそう思うのかもしれません。ともかく、がんばって引きのばしても、せいぜいそれくらいの時間スパンでしか考えられないのが、ポストフォーディズムの知的習慣です。

こうした働き方や教育、キャリア形成の新しいパターンが、メンタルヘルスの悪化と関係しているとマーク・フィッシャーは考えていました。しかし、興味深いことに急増したのは、鬱病や適応障害だけではありません。何が急増したのでしょうか。

スティーヴ・ジョブズの助言は当てにならない

フレキシブルであることが要求される状況下で、人が悩みを抱えたとき、どんな対策をとるでしょうか。仕事や人間関係で行き詰まったとき、自分や身の回りの人がどうするかを思い浮かべればすぐにわかると思います。

社会学者の牧野智和さんによると、自分をめぐってトラブルや悩みを抱えたとき、「自分以外の何者にも頼らずに解決しようとする志向が強まる」り、「外部から保護され、汚染・抑圧・変形させられていない、無垢な『本当の自分』が隠されているのではないかといった、内的世界の探求の過熱」が現代において生じています。[*125]

そう、答えは自己啓発です。自己啓発が急増するのです。私たちは自分の内面に確定的な答えがあると信じ、自分自身に熱中し始める。「自分探しが止まらない」とでも言いたくなるような事態がここにはあります。ビジネス書や一般書の相当数が、この意味での「自己啓発」的な側面を持っています。

悩みや困難を抱えている人が自己啓発に飛びつくと、自分自身とだけ向き合い、内面に撤退する自己完結的なアプローチをとりがちになります。「自分の直感に従って判断しろ」「自分がどう感じたかを尊重しなさい」「自分の情熱に従え」というメッセージに心揺さぶられるものを感じたとすれば、それは、まさにこうした文化の中を生きていることの証です。

スティーヴ・ジョブズがスタンフォード大学で卒業生に向けて贈ったスピーチでもこんなフレーズが出てきます。

独断に囚われてはいけません。それは、他人の思考の結果とともに生きることだからです。他人の意見というノイズに、自分の内なる声をかき消させてはいけません。そして、最も大事なことですが、自分の心と直感に従う勇気を持ってください。心や直感は、どういうわけか自分の本当になりたいものをすでに知っているのです。他のすべてのことは、取るに足りません。[*126]

こういう話を聞いて、「なるほど」「確かに」「そうだったのか」と感じ、私たちは自分の心や直感に従って生きてみたいと思うわけですよね。

しかし、「自分の内面と向き合え」「自分の心の声を聞け」という助言を素直に受け取ることには危うさがあります。心理学者のスヴェン・ブリンクマンが指摘するように、内面を見つめたところで答えが出ないことが世の中にはたくさんあるし、内面を見て答えを探すべきでないこともたくさんあるからです。[*127]

そもそも、「自分の心の声に従え」というアプローチには隠れた前提があります。すなわち、内なる声は一つであり、純粋かつ正しく、その声こそが自分を然るべき一つの進路へと導いてくれるはずだという前提です。さらに言えば、何かを調べたり学んだり他者の視点を取り入れたりしなくても、自分に聞きさえすれば、必然的に「これだ」と言えるような正解が見つかるはずである、という前提もあります。

ここでは、他者の想像力や周囲の声、あるいはそれを学ぼうとする努力は、最善の道に至る方法をわからなくさせる、取るに足らない「ノイズ」として退けられています。それに、自分からたった一つの声しか聞くつもりがありません。というより、自分の心の声は一種類だと想定されているのです。しかし、これはあまりに安易ではないでしょうか。

心の声に従ってはいけない

第1章以降繰り返し述べているように、私たちは一枚岩の存在ではありません。スマホに慣れ切った私たちが、聴き取るだけの感性を持っているかはさておき、自分の内側にはいくつもの声が発せられているはずです。つまり、一人の人間の中にも、「多声性」(多様な声)があるのです。「自分の中に他者が住んでいる」と言えるほど、自己は複数に分かれており、自分と自分自身とが対話するようなところがあり、本書ではそのことの重要性を強調してきました。

加えて、「他者に見られる自分」も自分の重要な構成要素であるという点で、他者は、ノイズであるどころか、自分という庭を豊かに育ててくれるものでもあります。自分の多声性を作る契機は、自分の外側に、つまり他者の側にもあるのです。

要するに、他者はノイズではないし、自分の心の声を聞いたとしても、複数の答えが返ってきて当然なのです。ジョブズの助言に素直に従おうとすると、こうした事情を無視して、自分の多様性を抑圧しかねません。いろいろな植物や樹木があったはずの庭を、単一の植物を育てる場所であるかのように捉えてしまいかねないわけです。

悩んでいるときは、頭にいろいろなことが思い浮かんで、なんかもう大変だと感じるはずです（そういう状態のことを私たちは「悩み」と呼んでいる気がします）。では、正解が見えず、ぐるぐる悩んでいさえすれば、自動的に、多様な声が響くような会話（＝自己対話）が可能になるのでしょうか。

答えはノーです。悩みながら、取り留めもなく同じ考えをジャグリングすることは珍しくありませんが、そこに多声性はないからです。現実の私たちは、似たような考えや見方をぐるぐるループさせ、思い詰めた果てに得たものを「自分の声」だと誤認したり、「自分の心に従えば最善の道（唯一の正解）が見つかるはずだ」という想定の下で、複数の自分同士の対立や葛藤を抹消したりしてしまいます。とにかくぐるぐる悩んでいればいい、という話ではないのです。

「自分の内面と向き合え」「心の声に従え」という助言は、「自分の声だと今の自分が思っているもの」を増幅させ、自分の中にある葛藤や対立を早々に手放すことを助長しかねません。つまり、「内なる声に従え」は、自分を一枚岩にしてしまう考えであり、モノローグ（独り言）的であり、自己完結的です。壁に話しかけて、跳ね返ってきた一つの声をエコーのように大きくしています。自己啓発文化の影響で自分の内面にばかり関心を向けすぎた結果、私たちはかえって自分を見失っているかもしれないのです。

要するに、現代の自己啓発が促すのは、内面への関心だけを極大化させる自己完結的な生き方、つまり、オルテガが批判した「自分の生の内部に閉じこもる」生き方です。自己啓発の提供する論理は、自分の内側を堂々巡りして、延々と自分の独り言を聞き、エゴイズムの迷宮を育てるようなところがあります。

ちなみに、映画「燃えよドラゴン」から導いた「感情のしっぽを捕まえろ」（＝感じろ）という言葉は、一見、内面への関心を強調する自己啓発の論理と似ていますが、実際は違います。ブルース・リーは、目先の答えらしきものに目を奪われるな、むしろそれが示唆するもの、それが間接的に示しているものに注意しろと語っていました。「考えるな、感じろ！」は、「これだ」という判断や考えからこぼれ落ち、滲み出ていくものの存在に気づき、それが暗示する方向性を尊重するようにと発せられたセリフです。

つまり、「考えるな、感じろ！」は、ネガティヴ・ケイパビリティの別の表現なんですね。

この言葉は内面への集中を意味するものではなく、消化不良の状態を安易に解消せずに、物事をじっくり吟味する視点を意味するものだということです。

チェーホフから考える「自分の心に従う」ことの危うさ

さらに言えば、「心の声に従う」と、しばしば華々しく目立っている仕事に注意が集中するという点にも問題があります。私たちは、どうにも指先に目を奪われやすい生き物のようですね。

例えば、ミュージシャンやスポーツ選手、YouTuberなどに憧れる10代は多いですが、もちろんみんながそうなれるわけでもないし、なったとしても、事前に想像していた仕事内容との乖離に直面する可能性が高いでしょう。

映画「ドライブ・マイ・カー」にも出てきた、チェーホフの戯曲『ワーニャ伯父さん』の登場人物である「ワーニャ」は、心の声に従って幾星霜《いくせいそう》という感じの人物です。しかし、彼は心の声に従って生きたことによって失われた可能性を思って苦しくなり、ありえた未来への想像と後悔に襲われ続けています。

泡と消えた人生！　ぼくだって才能もあれば、頭もある、度胸だってあるんだ……。まともに人生を送っていれば、ショーペンハウエルにだってドストエフスキーにだってなれたんだ……。戯言《たわごと》はもうたくさんだ！　ああ、気が狂いそうだ……。母さん、ぼくはもうダメです、ダメだ！[＊128]

自分の可能性を断念すること、断念せざるをえなかったことのしんどさが、叫びとして描かれています。ワーニャの言葉を味わえる人なら、心の声に従えば万事解決というものでないことはよくわかるはずです。

屋久《やく》ユウキさんの小説『弱キャラ友崎くん』には、「人間が言う『本当にやりたいこと』なんて、いまの自分がたまたま、一時的に、それが一番いい状態だと勘違いしている幻想でしかない」というセリフがあります。[＊129]　ワーニャはまさにこの意味での「本当にやりたいこと」に従って生きた結果、「こんなはずじゃなかった」「もうたくさんだ」と後悔に苛まれているのです。

「本当にやりたい」と思っている内容が、時期によって変化することを織り込んでいることが、『弱キャラ友崎くん』の言葉を真に迫ったものにしています。心から「本当にやりたい」と思っていても、それは簡単に変化します。知識や経験が少なく、想像できる範囲が狭いときは特にそうです。

自己啓発文化は、「本当にやりたいこと」がたった一つの真実としてどこかに必ず定まるはずだと暗に想定していますが、そのような見解は、自分の多様性を押し殺すだけでなく、こうした時間的変化の可能性をなかったことにしています。このことを考慮すれば、「自分の心に従う」ことがいつでも適切なわけではないというのは確かでしょう。

それに、スティーヴ・ジョブズについてよく知る人なら、彼が当初はAppleやコンピューティングにそれほど情熱を感じていなかったことを知っているはずです。当時のジョブズが「本当にやりたかったこと」は、日本に来て禅の僧侶になることで、当初は仲間のスティーヴ・ウォズニアックに誘われてしぶしぶ起業に取り組んでいました。[*130] だから、彼のテクノロジーへの情熱が花開いたのは、実際に仕事に取り組んだ「後」なのです。

ジョブズ自身、実際には、他者の視点をノイズとして排除したわけでも、「自分の内なる声に従って」キャリアを決めたわけでも、自分の内面にだけ関心を向けて天職に出会ったわけでもありません。彼のスピーチがどれだけ心揺さぶるものだったとしても、彼の実人生を踏まえて話を聞いたほうがいいはずです。

書店で売れがちな自己啓発本のタイトルを見ればわかるように、キャリアや人生、家族、人間関係に関わる悩みに対処する際に、私たちは、「自分の内面」「自分の心」に悩みの答えを求めようとしがちです。しかし、この処方箋は実状に即しているわけでも、それほど役に立つわけでもありません。

フレキシブルな働き方は、自己啓発と相性がいい（が、これは福音ではない）

現代人が、どんな悩みや問題にも「自分の内面」の掘り下げを通じて対処しようとしているということは、すなわち、自己啓発的なサービスや物語、商材の需要も相当あるということです。自己啓発書、セミナービジネス、ネットワークビジネス、ポジティヴシンキング、メンタリズム、占い、スピリチュアリティ、オンラインサロンは、まさに「己の内面と向き合う」文化を背景に発達してきたところがあります。

自己啓発やネットワークビジネスは、「強く意識したこと、言葉にしたこと、確固たる想像はいずれ現実化する」というポジティヴシンキングの発想をしばしば参照しています。もう少し別のバージョンとしては、「自分の見方を変えることで、状況が好転していく」という発想が語られることもあります。大体において、ポジティヴ心理学と呼ばれる分野の言葉で「科学」的な色彩を帯びさせた形でこうした言葉は語られます。「身も蓋もなく言えば、『強く願えば自分／世界は変わる』もしくは『自分が変われば世界も変わる』という考え方がそれらのベースにはある」[*131]。ナポレオン・ヒルの『思考は現実化する』とか、デール・カーネギーの『人を動かす』『道は開ける』とか、「引き寄せの法則」とか、そういうものを念頭に置くとわかりやすいでしょう[*132]。

自分の力で成果を生み出し、状況を切り抜け、成功しようとしている点で、こうした発想は、自己責任を重んじ、「強い自己」を前提とした生き方を推奨しています[*133]。というより、フレキシブルに状況変化に適応していくことが一人一人に要求され、何事も自己責任化している時代にあって、「強く願えば自分／世界は変わる」「自分が変われば世界も変わる」というメンタリティを持たなければ、心情的にやっていられないのです。

ただ、こういう論理が誰にとって都合のいいものかは改めて考えてみる必要があります。

「自己啓発の論理」を真に受けるなら、ちょっとセミナーでも受けさせて社員が「見方」や「捉え方」さえ変えれば、組織や集団は何とかなるという話になりかねません。これで何とかなるなら、経営者は、職場の環境や働き方、給与、職場の人間関係などを、具体的に改善する労力を割かなくて済むわけです。同じことは別に会社だけでなく、学校や部活、地域などいろいろな共同体で当てはまります。

一人一人は変化の激しい状況で生まれる不安に対処し、自分を肯定していくためにテンションを上げねばなりません。そのとき自己啓発は、タフな日々を生き抜く支えとして機能しています。しかし同時に、自己啓発の論理は、すべてを各人の問題に回収することで、社会や集団の歪みや問題点を放置することにお墨付きを与えてしまうのです。[*134]

自己啓発には、「自分の力だけが自分を変え、自分の力によってなりたい自分になることができる」という信念が前提として隠れています。スティーヴ・ジョブズの言葉が多くの人の心を打ったように、こうした発想は「福音」のようにも感じられます。

しかし、これは個々人の状況を自己責任化する呪いでもあります。状況が好転しないのは、あなたが変わっていないのが悪い（あるいは強い思い／意志／言葉を持っていないのが悪い）という含みが生まれるからです。たとえ問題の原因が各人の外側にあったとしても、ハイテンションに状況に立ち向かう「理由」を自己啓発は与えてしまうのです。そして、何より重要なのは、こうした福音＝呪いとしての自己啓発の論理は、自分自身への関心の過集中をもたらす割に、自分を単純化して捉えているということです。

自分への過剰な関心は自己対話を阻む

まず、これまでの議論を整理しましょう。ポストフォーディズムにおいて、予測不可能な状況の変化に対応しつつ、フレキシブルに働き、学び、自己を組み換え続けることが要求されます。そうした経済文化の下では、鬱病や適応障害などのメンタルヘルスの悪化が顕著なものになるのですが、社会や組織のあり方に原因が求められるというよりも、個人の問題として処理されます。「自己責任化」されてしまいがちです。

こうした厳しい状況では、テンションを上げなければメンタルヘルスが悪化しかねず、日々を生き抜くことも難しいでしょう。それゆえ、不安定な経済状況においては自己啓発が激しい盛り上がりを見せます。様々な研修や書籍、そして、著名な経営者の語る熱っぽい言葉を通じて、「ものの見方を変えなさい」「あなたの内なる声に従いなさい」と、自己の内側へと向かう矢印がますます大きな流れになっているということです。

こうした流れは、他者や周囲への関心の欠落でもあります。「自分の内なる声」の前では、他者や周囲の声は、「取るに足らないもの」や「ノイズ」として、キャンセルされるべきものと化してしまうからです。しかし、そういう自分の外側にある「ノイズ」こそが、自分を多様で豊かな庭にしてくれるものでもあったはずです。[*135]

自分自身への過剰な関心は、自分の中にあるたくさんの声を押し殺して、自分の中にある対立や矛盾をなかったことにして、「今の自分が自分の声だと思っているもの」を増幅させかねません。自己啓発の論理も、自己責任化する社会も、こうした流れを加速させる手伝いばかりしています。

自己啓発などの話をした箇所で、「でも私は自分のこと好きじゃないから関係ないな」と思った人もいるかもしれません。あるいは、「特に自分を変えたいとは思わない」と思った人なんかもいるでしょうか。でも、本書でフォーカスを合わせたいのは、「自分が大好きかどうか」でも、「自分を変えたいと思うかどうか」でもありません。

そういう論点ではなく、ゾンビ映画の主人公のような自己不信の姿勢があるかどうかが分水嶺なのです。自己嫌悪が強い人でも、自分の見方を変えたいわけではない人でも、自分自身にばかり注意を払い、自分の外側にある声を（自分の中に住まわせるのではなく）退けているのであれば、本書が言う意味では自分への過剰な関心を抱いているといえます。

以上の話が「寂しさ」についての議論と矛盾して聞こえるかもしれません。すでに指摘したことですが繰り返しておきましょう。今日の私たちは際限ない競争や成長を煽られ、メンタルヘルスへのリスクを常態的に抱えた結果、その不安や憂鬱を抱えかね、寂しさに振り回されています。寂しさから求められる他者は、自分では直視したくない不安や心配、憂鬱などといった気分を一瞬忘れさせてくれるような「痛み止めとしての他者」です。

寂しさから他者と居ようとするとき、実際に働いているのは「自分への配慮」であって、依存的に関わっている「他者への配慮」ではありません。寂しさは自分自身と話すことのできない状態のことですが、結局のところ、他者ではなく自分自身への（過剰な）関心の結果だということです。

自分への関心は、アテンションエコノミーとの相性がいい（悪い意味で）

常に新しい視点や知識を身につけ、物事を別の視点から眺め、成長し続けることを私たちに求める経済文化（＝ポストフォーディズム）において、メンタルヘルスの悪化リスクと、内面への過剰な関心という二つの問題が生じるという話をしてきました。

実のところ、自分自身への過剰な関心は、「痛み止め」的な対症療法だとしても、不安に苛まれた状況を暮らすための対処法であることは認めないといけません。自分に関心を向け、自己啓発や心揺さぶる漫画などを摂取し、何とかテンションを上げることで、どうにか明日の仕事に向かうことができるという人もいるはずです。適応障害などになった結果、依存的に他者と関わる以外のやり方がどうしてもできない時期だってあるかもしれません。

でもやはり警戒はしなければなりません。なぜなら、「自己崇拝」とでも言いたくなる自分への過剰な関心は、単純化された自己像をもたらしかねないだけでなく、「趣味」として取り組んでいるものを、自分の悲惨さから目を背けさせる「気晴らし」に変えてしまいかねないからです。

そのときに趣味は、簡単に「あいつよりも俺はすごいぞ」「バズっていいねもらえた」という自尊心や評判（アテンション）の獲得ゲームに変化します。自己への関心はアテンションエコノミーと極めて相性がいいのです、残念ながら。

本当に必要なのは、孤独です。だから私たちは、孤独を実現するようなものとしての趣味を構想したかったはずです。どうしたら寂しさに転化する気晴らしを避け、趣味を持つことができるのでしょうか。

次章では、自己啓発（内面への関心）と並行して現代社会で用いられているストレスや不安の対処法に目を向けることから始めます。今日の社会的条件は、「抑鬱的快楽」ないし「快楽的ダルさ」と呼ばれる安楽に私たちを追い込んでいるところがあるのです。詳しくは、次章をお楽しみに。

コラム

ポストフォーディズムにおける実存と寂しさ

この章の議論は、いわゆる新自由主義批判の系列に属するものとして理解できます。「新自由主義」という言葉の使用を私は避けるようにしていますが、私が使った批判のスタイルそのものは「よくある」ものです（東畑開人さんのいくつかの著作もその路線です）。しかし、よくある議論の中でも、スマートフォンと、各人の生き方やメンタルヘルスにフォーカスを当てている点は、ちょっと違うかもしれません。メディア論的で、実存主義的なひねりが加わっているのです。

ポストフォーディズム批判をするとき、しばしば何らかの共同性やコミュニティに期待がかけられますが、私たちが今更のように誰かとつながるときのやり方が、どんなものかをよくよく思い浮かべるべきだと私は考えています。私たちが誰かとつながろうとするとき、ネットに接続してスラングやスタンプを送り合うような、あるいは配信者に課金してハンドルネームを読み上げてもらうような関係性に走るというのがオーソドックスなやり方になってはいないでしょうか。これはすでに指摘したことですね。

もちろん、別にこういう関係がすべて悪いわけではないですし、私も割と元気よくＳＮＳを使っている感じのユーザーです。でも、そればっかりになっては困ると考える人は少なくないでしょう。こういう「つながりやすく、切れやすい共同性」は、私たちの不安の救いになるどころか、ますます自分たちを問題の奥深くに突き落とすものにほかなりません。

ここでは一足飛びに共同性や公共性へといかないための歯止めとして、自己啓発の論理の検討を通じて、私たちの自己完結性を改めて確認しています。こうして極端なまでに他者から自己を切り離した結果として、私たちはますます「寂しさ」に駆られており、そのことを認めたくないからこそ、ますます「自己」へと関心を向けるようになるという流れがあるようにも思えます。たくさんの数の人間がいても、私たちが一人ぼっちだと感じていること（＝寂しさ）の原因の一つはこの辺りにあるのかもしれません。

あと、自己啓発文化については、文化社会学者である牧野智和さんの研究に多くを負っています。『自己啓発の時代：「自己」の文化社会学的探究』『日常に侵入する自己啓発：生き方・手帳術・片づけ』『創造性をデザインする：建築空間の社会学』という一連の著作（いずれも勁草書房）は、いずれも他にない角度からなされた貴重な研究です。似た文脈だと、牧野さんの共編著『ファシリテーションとは何か：コミュニケーション幻想を超えて』（ナカニシヤ出版）からも多くを学びました。いずれも、「創造性」「自由」「コミュニケーション」などの口当たりのいい言葉とともにある文化の権力性を問題にしているものと言えます。

＊106 パスカル（前田陽一・由木康訳）『パンセ 改版』中公文庫、2018、103頁（断章番号139）

＊107 同前、108－109頁（断章番号139）

＊108 同前、109頁

＊109 興味がある人は、アントワーヌ・コンパニョン（広田昌義・北原ルミ訳）『寝るまえ5分のパスカル「パンセ」入門』（白水社、2021）など、平易な入門書に手を伸ばしてみてください。

＊110 取ってつけたような「趣味」、SNSに気軽にシェアされていくような「趣味」は、さきほど論じていた〈孤独〉を可能にする〈趣味〉とは異なります。〈趣味〉については次章の終盤や「おわりに」でまとめて取り上げているので、そちらも参照してください。

＊111 パスカル『パンセ 改版』111頁

＊112 同前、103頁（断章番号138）

＊113 鈴木謙介「カーニヴァル化する社会」http://www.glocom.ac.jp/column/2005/08/post_443.html 2019年8月25日最終閲覧（現在は閲覧できなくなっています）。なお、一部表記を修正しました。

＊114 鈴木謙介『カーニヴァル化する社会』講談社現代新書、2005

＊115 "Depression," World Health Organization, 13 September 2021 https://www.who.int/news-room/fact-sheets/detail/depression#:~:text=Depression%20is%20a%20common%20mental,affected%20by%20depression%20than%20men この数字に関してWHOは、大鬱病（いわゆる鬱病）だけでなく適応障害をも念頭に置いているようです。本書でもどちらもあまり区別せずに話をしています。それから、病名としての「うつ」はひらがなで書くのが標準的ですが、フィッシャーの議論でこの言葉が概念として出てくるとき、漢字のほうが視認しやすいので、いっそ全

体として漢字で統一しています。

＊116　北中淳子『うつの医療人類学』日本評論社、２０１４、210－212頁　ちなみに、ＤＳＭはアメリカ精神医学会の発表する精神疾患の診断基準で、Diagnostic and Statistical Manual of Mental Disorders の頭文字。

＊117　木澤佐登志『失われた未来を求めて』大和書房、２０２２、216頁　メンタルヘルスと現代社会については、木澤さんの文章に教えられるところが多かったので、ここに記して感謝します。

＊118　Mark Fisher, *Capitalist Realism*, p.37＝『資本主義リアリズム』、98－99頁

＊119　木澤佐登志『失われた未来を求めて』219頁

＊120　Fisher, *Capitalist Real ism*, pp.35-7 ＝『資本主義リアリズム』、94－97頁　「ポストフォーディズム」を「新自由主義」と呼び替えても構いません。新自由主義は、「民営化」「競争原理」「規制緩和」で特徴づけられ、すべての事柄を「個人化」する文化のことです。ただ、この用語は乱用されすぎており、何かを説明するにはテンプレ的すぎ、深い思考に読者を導きづらいのではないかと私は考えています。

＊121　同前、p.34＝91頁

＊122　同前、p.22＝63頁

＊123　同前、p.32＝87頁

＊124　『信仰と想像力の哲学：ジョン・デューイとアメリカ哲学の系譜』（勁草書房）という本のことです。『鶴見俊輔の言葉と倫理：想像力、大衆文化、プラグマティズム』（人文書院）という本も、６年かかっているはずです。

＊125　牧野智和『自己啓発の時代：「自己」の文化社会学的探究』勁草書房、２０１２、11頁

＊126　Steve Jobs' 2005 Stanford Commencement Address https://www.youtube.com/watch?v=UF8uR6Z6KLc

*127 スヴェン・ブリンクマン（田村洋一訳）『地に足をつけて生きろ！：加速文化の重圧に対抗する7つの方法』Evolving、2022

*128 チェーホフ（浦雅春訳）『ワーニャ伯父さん／三人姉妹』光文社古典新訳文庫、2009、100頁

*129 屋久ユウキ『弱キャラ友崎くん 3巻』ガガガ文庫、2017

*130 倫理学者のウィリアム・マッカスキルは、次の本の中でジョブズの実際の経験と語りのズレについて論じています。千葉敏生訳『〈効果的な利他主義〉宣言！：慈善活動への科学的アプローチ』みすず書房、2018、160頁

*131 牧野智和『自己啓発の時代』225頁

*132 一般書籍市場においてポジティヴ心理学が担ってしまった胡散臭い役割と顛末については、スヴェン・ブリンクマンの『地に足をつけて生きろ！』が手短にまとめてくれています。

*133 保守派の思想家・佐伯啓思さんは、『自由とは何か』（講談社現代新書、2004）で、自己責任を口にする人は「自業自得だ」「私は関係がない」と言っているにすぎないと批判しています。

*134 木澤佐登志さんは、同じことを自己啓発の持つ希望／呪いの二面性として語っています。「自己啓発は個人を自己の檻のなかに閉じ込める。すべてが絶えず自己に再帰してくる。自分が変われば世界も変わる、という希望とともに。だが、それは同時に呪いでもある」。『失われた未来を求めて』227頁

*135 これまで使ってきた庭のメタファーは、ジョン・デューイという哲学者、そしてアリソン・ゴプニックという心理学者に由来しています。Alison Gopnik, *The Gardener and the Carpenter*, *Picador*, 2017＝渡会圭子訳『思いどおりになんて育たない：反ペアレンティングの科学』森北出版、2019

第 6 章

快楽的なダルさの裂け目から見える退屈は、自分を変えるシグナル

現代の社会的条件（ポストフォーディズム）や文化的条件（自己啓発文化）を踏まえながら、メンタルヘルスの問題や内面への自己完結的な関心について掘り下げてきた。

本章もその問題意識を引き継ぎつつ、スマホでダラダラやりすごしてしまうという習慣に注目する。しんどさには、自己啓発のアッパーな対処法だけでなく、注意を細切れにして気怠くなるダウナーな対処法もある。それを検討することでわかるのは、〈寂しさ〉に抗い、〈孤独〉と向き合うための手がかりだ。

失われた〈孤独〉をめぐる冒険は、なぜ人は何かを知りたくなるのか、哲学とは何かという素朴だが根本的な問いへと導かれることになる。

不安に対処するために「快楽的なダルさ」に浸っている

いつでも変化を要求され、絶えず自分を組み替えながら、何であれ目の前の仕事が自分のやりたいことであるかのようにテンションを上げて、不安定な状況を乗り切っていくという境遇を課されているのが現代の私たちだという話をしてきました。

もちろん、こうした苦境は私たちのメンタルヘルスに影響を及ぼします。しんどすぎてメンタルにくるわけですね。心が不安定になったり、抑鬱的になったりすると、しばしば起こるのは、寂しさの爆発です。たくさんの人と一緒にいるのに自分は一人ぼっちでどうしようもないやつだ、何をやっても事態は悪くなるばかり、自分には価値がない、誰も自分のことを見ていない、誰も認めてくれないなどという感覚が心に滲み出ていくのです。

この苦境を、私たちはどうやりくりしているのでしょうか。二つの方法が考えられます。一つには、自己啓発の論理に訴えて、自己啓発を通じて物事の受け止め方や考え方をポジティヴに変えるというものです。これは、仕事や活動に向かうために、しんどさや不安をなかったことにする方法であり、自分自身への関心を肥大化させ、ますます自己完結的な生き方をしようとしています。

しかし、絶えず環境や関係性が変化し、自己成長することをどこまでも求められる不安定さからくるストレスを処理する方法はもう一つあります。それは、断片的な感覚や刺激で自分を取り巻き、その細切れの経験に集中することで「快楽的なダルさ（hedonic lassitude）」に浸るというやり方です。

これは、自分の注意をばらばらに分散させるという、スマホ時代に選ばれやすいストレス・コーピング（ストレスの対処法）です。スマホなどのデジタルデバイスが可能にするマルチタスキング（活動の並行処理）は、私たちの注意を分散させ、それに応じて感覚をばらばらに分解するところがあり、それによるボーッとした感じに一種の癒やしがあるわけです。

スマートフォンと無料の娯楽、写真と短い言葉のやりとり、ジャンクな飲み物や食べ物、ちょっとした情報のインプット、対面の会話など、本来なら同時に処理することが難しいことを並行的に処理しながら私たちは暮らしています。こうして感覚を断片化して、自分の注意をほどいていくことに不思議な落ち着きを感じているのです。

スマホが可能にする、やわらかな昏睡

ここで、毎度おなじみ、哲学者のマーク・フィッシャーの言葉を今一度見に行きましょう。彼は、ポストフォーディズムが育むメンタリティを「抑鬱的快楽（depressive hedonia）」と名づけました。[*136] これは、「快楽的なダルさ」に浸り、「やわらかい昏睡状態」になることで得られる安楽によって気分が落ち込まないようにする心のあり方を指しています。[*137]

フィッシャーの『資本主義リアリズム』を読む限り、すぐそこに診断としての鬱病があるけれども、今のところはそうはなっていないものとして、「抑鬱的快楽」は位置づけられています。つまり、紙一枚を挟んで向こう側に鬱病や適応障害を置きながら、そうした状態を忘れさせるように身を浸している、ゆるい倦怠感のある安楽。そういう危うい、つかのまの安定です。

私なりにまとめ直すと、抑鬱的快楽とは、〈娯楽や刺激、おしゃべりで細かく時間を埋め合わせることで「快楽的なダルさ」に浸り、「やわらかい昏睡状態」となり、一抹の安楽を得る様子〉というメンタリティを指しています。[*138] 言い換えると、抑鬱的快楽は、断片

的で即時的なコミュニケーションや表面的な感覚刺激のレベルに自分の体験を分解していくことで、余計なこと（＝不安や退屈）を意識せずに済むようにするストレス・コーピングのことです。

しかも、そういう人たちは、「何か足りない」と心のどこかで感じながらも、快・不快を超えたところでしか欠如の感覚を埋められないことを理解しないまま、そうした安楽に走っているとフィッシャーは述べており、このことが重要です。

私たちは、変化と成長を要求し続ける現代の文化につらさを感じながらも、考えすぎると憂鬱になるので、動画や写真、音楽やアルコール、ソシャゲ課金、コミュニケーションの断片を過剰摂取し、「酩酊」や「昏睡」にも似た状態に自分を置くことで、違和感や虚脱感をやりすごしているということです。文筆家の木澤佐登志さんは、『闇の精神史』（ハヤカワ新書）の第3章で、カジノ、ソシャゲ、VRなどが、時空間（と金銭）の感覚を溶かす「バッドトリップ」（悪いゾーン体験）をもたらすと指摘しています。これは、「酩酊」や「昏睡」という言葉で語ったことを別の角度から論じたものだと言えます。

際限のない競争と変化が当然視される現代社会のしんどさをやりすごすにあたって、恐らく私たちは、自己啓発でテンションを上げることと、抑鬱的快楽に訴えることのどちらかではなく、どちらも使っているはずです。先行きの不透明さ、予測のつかなさに怯えながらも、その不安を見て見ぬふりでやり過ごし、自己啓発的にテンションを上げて状況変化に対応し、学び直し、柔軟に働き続ける一方で、帰宅後はスマホなどから無数の感覚刺激を取り入れて、自分を一種の昏睡状態に置く。そういう忙しなく騒がしい私たちの姿は、パスカルの批判した人たちの姿とも重なってきます。

刺激から切り離されると退屈を感じてしまう

フィッシャーの「抑鬱的快楽」は、もちろん福音ではありません。いろいろな感覚刺激と表面的なコミュニケーションによる痛み止めのようなもので、危ういバランスをかろうじて確保しているにすぎないからです。抑鬱的快楽は、私たちの姿を適切に捉えた概念だと実感レベルで思うのですが、どうでしょうか。

少なくとも、今日の学生たちにとっては同意できるもののようです。この概念について大学の授業で一回生向けに話したとき、「私自身、何か足りないな、寂しいなと感じる瞬間が割とよくある」「私も娯楽で不安をごまかしているところがある」「刺激がなくなると、急に寂しくなる」「私の生活を見ていたのかと思うくらい当てはまる」といった共感的な反応が多かったのが印象的でした。

大学教員だったこともあって、フィッシャーは学生の様子を例に「快楽的なダルさ」に浸る様子を説明しています。彼が学生に何かを数行分読んでくる課題を出したとき、比較的成績優秀な学生だったとしても、「退屈」を訴えてきたというエピソードを紹介しています。

ここでいう「退屈」は、中身の面白さとは関係がないとフィッシャーは言います。むしろそれは「快楽的なダルさ」が中断されてしまうことへの反感を表しているというのです。ちょっと難しい表現ですが、ひとまず見てみましょう。

〔学生の言う〕退屈は、単純に、テキストメッセージ、YouTube、ファストフードからなる、コミュニケーション的感覚刺激のマトリックスに埋め込まれた状態から離脱し、オンデマンドの甘ったるい満足の絶え間ないフローをわずかな時間我慢することを指している。[*139]

すぐにわかって、なんとなく楽しめる刺激や娯楽で自分を取り巻き、「快楽的なダルさ」に浸って「やわらかな昏睡状態」に入ろうとする。フィッシャーが言っているのは、この状態から自分を引きはがすものが「退屈」と呼ばれているのではないかということです。

退屈から自己を遠ざける娯楽と刺激の濁流は、激しい競争に追い立てられ、いつでも自分を成長させて変化する状況を切り抜け続けねばならない不安を、つかのま忘れさせてくれるものです。しかしこれは、パスカルのような視線を採用すると、虚しい「気晴らし」のように思えてきます。

注意を停止し、単純で魅力的なものに飛びついている

貧乏ゆすり、ニキビつぶし、ソシャゲを周回する際などの単純なスマホ操作の反復などに見られるような、断片的でばらばらの感覚に固執する心のあり方を、精神分析家のトーマス・オグデンは、「自閉接触ポジション」と呼んでいました。[*140] オグデンがこの見解を提示するにあたって参照した精神科医のドナルド・メルツァーは、同じことを「注意」の観点

から論じており、なかなか興味深い指摘をしてくれているので、一瞥してみましょう。

メルツァーによると、「注意」という人間の能力は、いくつかの感覚をまとめあげて対象を多面的に把握できるようにする働きを持っています。しかし、複数の臨床的事例から示唆されるのは、人が注意を一時停止することがあるということでした。注意が一時停止されると、どうなるのでしょうか。感覚がばらばらに解けて散漫になり、そうしてばらばらになった感覚が、それぞれ「その瞬間その瞬間のもっとも魅力的な対象と結びつく」とメルツァーは指摘しています[*141]。ちょっと難しいですね。でもたぶん、だんだんわかってくるのでご心配なく。

メルツァーの議論は、フィッシャーの「抑鬱的快楽」や「快楽的ダルさ」をより深く説明してくれています（だから急にメルツァーを紹介したんです）。私たちは、注意を一時停止し、感覚を断片へと分解していくことで、対象の多面性や多様な意味をばらばらにし、その断片のパッと惹かれる一部分に固執している。そうすることで、世界の情報を減らし、単純な感覚のリズムの反復の中で、混乱している自分を落ち着かせることができる。これがメルツァーの見立てです。メルツァーとフィッシャーを足し合わせると、メンタルヘルス対策として「快楽的ダルさ」がスマホ時代に簡単に取り入れられるものになっていることが見えてきます。

スマホは、マルチタスキングを支援し、感覚をばらばらの断片へと分解することを助けてくれます。それに加えて、ネット上には、その誇張された一瞬の音楽や映像、極端な言葉遣いやストーリー、明快な演出など、「その瞬間その瞬間のもっとも魅力的な対象」があふれ、私たちはこぞって飛びつくだけでなく、それらを作り出す側にも回っているのです。[*142]

例えば、わかりやすい言葉と見出しで扇情的に噂やゴシップを語る暴露系SNSアカウントや週刊誌、あるいは、音楽のキャッチーな部分だけを切り取って、解釈しやすく編集された短い動画を延々と見せ続けるTikTokなどは、「快楽的なダルさ」に浸りたい現代人のニーズによくマッチしています。

ぐっと話を戻しましょう。フレキシブルに状況変化に適応すること、新しい視点を持ち続けること、常に成長し続けることが要求されるポストフォーディズム的社会では、鬱病などが構造的に生み出されるだけでなく、いろいろなことが個人の問題になり、みなが自己完結的に自分の内側に関心を過剰に集中させていきます。

そういうしんどさのある状況で、人は「自分を変えていけば世界は変わる」という自己啓発の論理を希望として内面化したり、あるいは「快楽的なダルさ」に浸るという「抑鬱的快楽」によって、悪魔祓いするように不安や虚脱感を押しのけようとしたりすることになります。「何か足りない」という声が聞こえてこないようにと。

しかしながら、これはどこかボタンを掛け違えているように思えることも確かです。実際、フィッシャーやパスカルのような厳しい視線を採用すれば、いずれも紙一枚挟んで向こう側には、鬱病や適応障害があるような状態で、それを見ないで済むように「気晴らし」にあくせくしているにすぎないからです。

もちろん（？）私自身もヘビーなスマホユーザーの一人なので、「快楽的なダルさ」に浸ることもあり、決して他人事ではありません。みなさんはどうでしょうか。もしみなさんがこの問題の当事者なのだとすれば、私たちが知りたくなるのは、この状況をどうやって脱するかです。この論点の奥のほうまで進んでみましょう。

気分というモヤモヤに目を凝らすことの大切さ

諸々の刺激から切り離されると、私たちは「退屈」を感じます。しかし、刺激で自分を取り巻いているとしても、心のどこかで「何か足りない」という感覚が響いてもいます。

出口がない、底の見えない不安がぐつぐつと足元で煮えたぎっているのです。

「退屈」も「何か足りない」もたまったものではないはずで、できれば逃げたい気分の代表格ですよね。しかし、容易に逃げ切れるものではありません。それに、これらは、私たちをつらい気持ちにさせるにすぎないものではありません。

哲学では、単なる個別の感情と「気分」を区別します。哲学者のマルティン・ハイデガーをはじめとする実存主義哲学と呼ばれる分野では、「気分」は重要概念です。「気分」は、人間の活動に遍く浸透し、色づけるものとされます。[*143] 思考や行為よりも深いところで、そして私たちがコントロールしきれない仕方で、「気分」が形成され、自己に浸透しています。

重要なのは、「気分」が、本質的に重要な事柄を開示してくれると考えられたことです。[*144]

ここでは、そもそも現代社会はどんな特徴を持っているのか、現代人はどんな気分を抱きがちなのか、そして、それが私たちに何を開示しているのかという問いを探索してみましょう。もちろん、スマホをはじめとするメディア環境を意識しながら、です。

Netflix や YouTube のスペクタクル、テキストメッセージのたわいないやりとり、スタンプや画像を用いたじゃれあい、ライフハックを紹介する記事、週刊誌報道や暴露を謳うSNSアカウントの煽るような言葉遣い、サプリメントやダイエットについて語るコンプレックス広告、新しいガジェットの魅力について大袈裟に語るポスト、推しキャラの「尊さ」を語る誇張されたコミュニケーション、そういうジャンクな情報の海で血眼になって何かを探す私たち。

気分についてはすでにフィッシャーが「何か足りない」「退屈」という言葉で語ってくれています。つまり、大げさで明快な刺激やつながりに満ちた日々は、時折、「何か足りない」や「退屈」を感じさせる。これは「寂しさ」や「不安」という言葉で語ってきたのと同種の気分です。大量の刺激とおしゃべりは、こうした否定的な気分から一瞬気を逸らす働きを持っていると考えられます。

気を逸らし、意識しないようにと普段は処理されている「何か足りない」という気分は、私たちに何を開示しているのでしょうか。「退屈」という気分も、「何か足りない」という気分も、結局、私たちが重要な何かに取り組んでいないということを示唆しています。これまでの言葉を使うなら、「何か足りない」という気分は、「モヤモヤ」「消化しきれなさ」「難しさ」「かみ砕きにくさ」に取り組んでいないことからくる不安にほかなりません。「安易な内面の掘り下げには問題がある」という先に提示した話題と、「気分と向き合え」

という話がつながっていないと思ったかもしれませんが、そうではありません。ここでしているのは、「消化しきれなさ」「モヤモヤ」「難しさ」と過ごすことの欠如が問題であり、それと向き合う自己対話が大切だということを、「何か足りない」という気分が開示してくれているという話だからです。これまでの話とつなげるなら、この気分は、趣味を通じた謎との対話、あるいは、多様な自己との対話を推奨するものだと言うことができます。

心の声は必ずしも「ポジティヴ」ではない

もう一点、確認しておきたいことがあります。気分に耳を澄ませようという話をすると、自己啓発文化の影響からか、なんとなくポジティヴで、元気で、ヴィジョナリーで、わくわくするものであると思う人がいるかもしれません。しかし、気分の声を聞くことと、前向きさやポジティヴシンキングの類は、ただ単に何の関係もありません。

なぜ私たちは「自分の気分に耳を澄まそう」という話が、「自分のポジティヴな心の声に従おう」という話に聞こえてしまうのでしょうか。これは検討に値する疑問です。

いろいろなことが個人の問題になることを「個人化」と社会科学では呼びますが、現代社会は、社会のあらゆる領域や局面が個人化していると考えられています。個人化した現代社会においては、「スッキリ」した説明で自分を身軽にすることが求められます。この辺りに、やけにポジティヴなものを求めたくなる背景があります。

自己啓発文化では、「自分の心」は一枚岩なので、「心の声」は必然的に一つの道に導いてくれると前提されがちであることを思い出してください。「自分の心に従う勇気」を持ちさえすれば、一つの答えにたどり着くことができるとすると、「モヤモヤ」「消化しきれなさ」を抱えておく必要がなくなります。面倒なことに時間をかけずに、さっさとテンションを上げられるわけですね。

心理士の東畑開人さんは、同じことをこう説明しています。

今、モヤモヤは不人気です。気持ちが悪いからです。モヤモヤしているとき、僕らは不快な気分になり、苦しい思いをします。そして、結局のところ、モヤモヤ不人気にも小舟化（＝個人化）の影響があるように思うのです。リスクがいっぱいの海を渡っていくためには、〔自分という〕小舟に余計なものを積んでおく余裕はない。だから、

——僕らはできるだけモヤモヤせずに、逐一スッキリして、身軽でいたくなる。*145

情報呪術による不安の悪魔祓いを止めてみる

さて、自分を浸している気分に目を向けてみようという話でした。でも、どうやればいいのでしょうか。快楽的なダルさに浸って、常にコミュニケーションと娯楽による刺激を入れて感覚を麻痺させているため、急に気分を見ようとしてもうまくいきません。退屈や不安を刺激やコミュニケーションで悪魔祓いしているわけですね。

まず、自分を浸している「気分」は、普段は意識されないものだということに留意すべきです。これは、呼吸や空気のことを普段は気にしていないのと同じことです。激しい運動をしたり、やたらむせてしまったり、水中に潜ったりというように、普段と違った状態に置かれたとき、そのときにようやく呼吸や空気のことを思い出すはずです。それと同じように、私たちを根底で方向づけ、私たちに浸透している「気分」は、普段通りの感覚や思考でいるときには、通常出会うものではありません。たいていは、感覚や思考の〈裂け目〉を通じて出会うほかないのです。

では、〈裂け目〉はどこにあるのでしょうか。少なくとも、私たちはそうした〈裂け目〉を必死で埋めようとしているということは確かです。そもそも、私たちには「何か足りない」という気分がつきまとっています。しかし、単なる快・不快の水準でこの気分が埋め合わされるわけがないと知りながらも、断片的な刺激のフローに身を置くことで、「何か足りない」を意識しないで済むようにしているのです。ありがたいことに、そうするだけの技術的支援がなされているわけですから。

とすれば、普段通りの状態から離れるために、快楽的なダルさを生み出しているYouTubeやInstagramといった情報呪術による不安や憂鬱の「清め」や「祓い」をいったん停止する必要があります。

私たちは、不安や退屈などのネガティヴな気分を、快楽的なダルさによってマスキングしています。だから、快楽的なダルさから距離を置くことで、普段の感覚や思考に〈裂け目〉が生じ、そこに一瞬、根源的な気分が垣間見えるはずです。ちょっと退屈な時間を持ったとき、そこに私たちに取り憑き、普段は意識しないようにしている気分が見えるのです。ここに取り組むべき糸口があります。

平たく言えば、まずは退屈になってみること、そして、少しずつ退屈や不安に身を慣らしていくことです。スマホを通じてもたらされるファストでインスタントな刺激から距離を置き、快楽的なダルさから身を引き剥がす。その代わりに生じてくる退屈や不安に、足先をそっとつける。肌を刺す寒さの中で湯につかるときのように、ゆっくり入るイメージです。自分の細かな感覚の変化に注意しながら、ゆっくり時間をかけて、「何か足りない」という感覚に肌をさらすのがポイントです。急ぐ必要もなければ、いきなり全身を浸す必要もありません。

だから、SNSアカウントを削除すべき、スマホを捨てるべきという話ではありません。そんな助言はほとんどの人が実行できないし、指針にもなりえません。私が念頭に置いているのは、「動揺をなかったことにしたり、不安を忘れたりするという目的で、スマホから刺激を入れ続けることを止めたほうがいい」、あるいは、「退屈や不安、何か足りないという気分に、時々は身をさらすことをやってみたほうがいい」くらいのことです。これがどういうことなのか、順番に議論を見ていきましょう。

感覚の変化は行動を変えろというシグナル

感覚の〈裂け目〉を見つけるのが大事だというのはいいとしても、なぜ「警戒しながら」それを見出す必要があるのでしょうか。答えは単純。退屈や不安、虚脱感が、ぬるくどろどろとした水の中に自己を絡めとっていくようなところがあるからです。

憂鬱な虚脱感は、気づいたらもう息ができないくらいのところまで自己を沈ませる、そういう油断ならないところがあります。ゾンビ映画の主人公たちのように、どこまでも慎重に、自分は大丈夫と思わずに、沈黙とともに変化の兆しを聞き取る姿勢が必要なのです。

さらに言うなら、退屈や不安などに自分を乗っ取られてしまう必要まではないという理由もあります。つまり、〈裂け目〉に気づき、自分の感情や感覚が変化しつつあることを体感すること自体がまずは大切なのであって、憂鬱な気分に乗っ取られ、いろいろいたはずの多様な自分が押し流されるのをみすみす許す必要はないのです。

では、〈裂け目〉に気づき、感覚や感情の変化や推移を体感することの何が大切なのでしょうか。ジョン・デューイという哲学者は、感覚の変化は、自分の行動を再編し、自分のあり方を変えていくための転換点を示していると論じています。それ以前の自分が感じていなかった退屈や寂しさというシグナルに気づき、その気分を受け止めることが、そのまま自己対話の契機になっています。そしてそれこそが迷いや消化不良、難しさの中で自分を書き換えていく端緒なのです。

割と興味深い考え方なので、具体的に彼の発言を追いかけてみましょう。デューイは、感覚が推移する瞬間に生じる「驚き」に目を凝らすようにと説いています。

絶対的なものとしてではなく温かさからの推移として、私たちが冷たいと感じる、あるいは冷たいと感覚する。固さは、抵抗の少なさを背景として感じられる。色にしても、自然の光や暗さとの対比において、あるいは、別の色相との対比において感覚されている。〔…〕そうした感覚は、それ以前の適応が中断されたことによる、変化の驚きである。行為の方向を変えろ、というシグナルなのだ。[*146]

デューイがここで念頭に置いているのは、皮膚や明暗などの身体感覚ですが、私たちが論じてきた不安や退屈、何か足りないという気分についても、この議論は当てはまります。

彼の議論を一言でいうと、普段通りの感覚や思考の〈裂け目〉は「変化の驚き」として経験される、ということです。アーレントは「寂しい人が自分自身を発見し、孤独の対話的思考を始める可能性も常にある」[*147]と述べましたが、その転換はその〈裂け目〉をなかったことにせず、驚きとともに眺められたかどうかにかかっているんだと思います。退屈や不安は、目を逸らすべき対象ではなく、目を凝らすべき対象なのです。

何か様子が違う、そこに何か変なものがあると感じる。その瞬間に敏感であろうとするなら、私たちに必要なのはオルテガの提案する姿勢を採用することです。自分の中ですべてが説明がつくと思わず、物事の変化に注意深くなること。「ある種の不安を感じるはずだが、かえってそれゆえに警戒を怠らない」というオルテガの言葉は、世界への驚きを取り戻したときの私たちの姿勢を説明するもののように思えてきます。[*148]

感覚の変化は行動を変えるシグナルだと。なるほど。では、どんな風に行動を変えればいいのでしょうか。……それに直接的な答えは出せません。自分という庭がどんな風に育っているかは千差万別のはずなので、人によって次の一歩は全然違うはずです。

いずれにしても、このシグナルに直面したときにこそ、ネガティヴ・ケイパビリティが必要だというのは確かです。スマホのマルチタスキングが生み出す普段通りの感覚を破る〈裂け目〉に直面し、特定の答えに飛びつかずに揺れながら考え続けることこそがひとまずは大切です。

「うーん、そうかもしれんけど、ちょっと煙に巻かれた感じがする」という声が聞こえてきそうなので、重なり合ういくつかの話題を巡ってみて、そこから退屈や不安、寂しさなどの気分との向き合い方のヒントを探してみましょう。自己啓発書のように力強い断言はないとしても、ネガティヴ・ケイパビリティを発揮するためのとっかかりくらいは見つかるはずです。

退屈に向き合うための姿勢 ——隔離生活下で裁縫するルソー

いくらメンタルヘルスが悪化しやすいゾンビ映画のような環境に生きているとはいっても、以前指摘したように、たいていの人は今すぐに死の危険があるわけでもないし、オルテガがローマ兵士を持ち出して述べた死線をくぐるような言葉遣いは、いくらか過剰でしょう。[*149] スマホやその他のメディアを通じて、いろいろな娯楽や刺激で取り巻く普段通りの生活を一時的に止めて、それによって生じるだろう感覚や感情の〈裂け目〉に直面したほうがいい、というくらいの話ですから。

消費や自己啓発でテンションを上げたり、スマホで快楽的なダルさに浸ったりするのを一時停止して、普段通りの感覚や感情の〈裂け目〉に直面すると、「何か足りない」「退屈だ」という気分がやってきます。それは、私たちを絡めとって乗っ取り、ますますメンタルヘルスを悪化させかねないものなので、用法用量を守った付き合いにする必要がありま す。どうすれば、ほどほどの退屈、「まぁええか」と許容できるくらいの退屈を経験することができるのでしょうか。

そもそも、この気分は、「モヤモヤ」「消化しきれなさ」「難しさ」「かみ砕きにくさ」を抱えたくない、それに直面したくないという気持ちの表れです。だとすれば、それと対峙する姿勢を準備してくれる「趣味」に何かヒントがあるはずです。趣味について考える上で、ジャン＝ジャック・ルソーという哲学者の証言に注目することにしましょう。

カトリーヌ・マラブーという哲学者が、パンデミック下で「ステイホーム」（隔離生活）を求められていた時期に、ルソーの『告白』の一節の価値を再発見するような文章を書きました。[*150] 彼女が注目した一節は、ルソーがパリからヴェネツィアに向かう途上で、疫病のためにジェノヴァで隔離生活を余儀なくされたときのものです。

ルソーの隔離生活は、どの程度外出してよいのか、リスクをどう捉えたらいいのかなど、何を信じてよいかわからず、不安なままに自宅にこもってすごしていたコロナ禍の私たちとは好対照を成しています。ルソーには、孤独を楽しむ度量がありました。しかも、彼の孤独には、「孤独」と聞いて連想してしまうシリアスさはありません。

ちょうどメッシナにペストが流行したときだった。港にはイギリス艦隊が停泊中で、私が乗っている帆船を巡察しにやって来た。長く困難な航海の後で到達したというのに、私たちは21日間の隔離を受けなければならなかった。

乗客はそのあいだ、船でも隔離病舎でも、好きな方を選ぶことができた。隔離病舎の方は、設備を整える暇がなくて、四方むき出しの壁だと聞いていたので、みんな帆船を選んだ。暑さは耐えがたく、場所は狭く、散歩もできないうえに、嫌な虫がいるので、私はどうあっても隔離病舎の方がましだと思った。私はまったくがらんどうの大きな二階建ての建物に案内された。そこには窓も、寝台も、テーブルも、椅子も、腰を下ろす台も、身を横たえる一束のわらもなかった。私の外套《がいとう》と旅行鞄、トランク二個が運ばれてきた。それから、頑丈な錠前のついた戸が閉められた。私はそこにとり残され、自由気ままに部屋から部屋、階から階へと歩き回ったが、家中どこに行っても同じように寂しく、殺風景だった。

それでも、帆船より隔離病舎を選んだことを後悔しなかった。まるでロビンソン第二世といったふうで、一生そこで暮らす人のように、21日間のために身辺の整備にとりかかった。まず手始めに、船からもってきたシラミ退治を楽しんだ。下着や衣類をすっかり取り替えて、さっぱりすると、自分の選んだ部屋の整備にとりかかった。チョッキやシャツを使って、寝心地のいい敷布団をつくり、ナプキンを何枚も縫い合わせてシーツをこしらえ、部屋着を掛け布団に、外套を巻いて枕にした。トランクを寝かせて腰掛け代わりにし、もうひとつは立ててテーブルをこしらえた。紙やインク壺を取り出し、１ダースほどの本を書庫のように並べた。つまり、私は実にうまく身の回りを整えたので、カーテンと窓こそは不足してはいたが、このまったく殺風景な隔離病舎にいても、ヴェルドレ街の球技館の自室にいるときとほぼ同じ快適な気分を味わったのである。食事になると、実に仰々しいかぎりだった。二人の擲弾兵《てきだんへい》が着剣で食事を護衛してくる。階段が私の食堂であり、踊り場がテーブルに、その一段下が椅子になるわけだ。ご馳走を並べ終えると、みんなは引き下がり、食事はじめ、という合図の鐘を鳴らす。

食事と食事のあいだ、読み書きもせず、また部屋の飾りつけもやらないときには、中庭の代わりに新教徒の墓地を歩き回ったり、港を見下ろす屋上の物見に登って、船の出入りを眺めることもできた。こうして私は二週間を過ごした。[*151]

これを読んだとき、私は最初に「すごく楽しそうだな」と思いました。自分で暮らしを作っていく感覚、自分の決めた通りに暮らしていく雰囲気や、それを楽しむ構えがありますね。このエピソードから学ぶことができるのは、孤独が、眉を寄せて沈思黙考《ちんしもっこう》することだとか、深山《しんざん》の僧侶だけがたどり着ける悟りの境地だと捉える必要はないということです。

自治の領域を持つ、孤独を楽しむ

ルソーの隔離生活のエピソードには、「楽しそう」という以外にも注目ポイントがあります。いろいろなものを手作りしていることです。しかも、「うまく」作ろうというのではなく、彼なりの仕方で、その場で許される限りの「いい」ものを作ろうとしています。誰かに評価されるためでもなく、やるべきだからでもなく、ただそうしたいからルソーは楽しんで何かを作ったように見えます。

余談ですが、ルソーは作曲家でもあって、「むすんでひらいて」として日本で知られているメロディの考案者でもあります。ルソーは哲学的著作の執筆だけでなく、音楽においても、何かを作ることを通して、「消化しきれなさ」「モヤモヤ」と対峙するという「退屈な」時間を経験していたのです。そこに裁縫なども付け加わるわけで、彼は自分の生活全体を趣味として楽しんでいたのかもしれないと思えてきます。*152

さらに意義深いのは、ルソーが感染症による隔離を経験することで、生活の中での孤立を用意できたということです。そうできたのは、スマホがなかったことや、何かを作ることに楽しさがあったというのはもちろん重要でしょうが、彼に「自治（self-government）」の感覚があったということは無視できません。ここでの「自治」とは、既存のルールや他者の視線をいったん脇に置いて、自分だけのルールを新しく作り、それに基づいて行動する自由のある状態を指しています。

美学研究者の伊藤亜紗さんが、ＰＯＬＡのウェブメディア「We/Meet Up」で、自治の領域を作ることの魅力についてこう語っています。

> そこ〔＝自治の領域〕で、既存のルールではない、自分だけのルールを新しく作っていく。そういう楽しさが、遊びには必要なんだと思います。これはきっと、子どもだけじゃなくて大人にも必要で。社会生活の中では外部のルールに従って動いていますが、そうではない場所を意図的に作るのが大人にとっての「遊び」になるんじゃないでしょうか。[*153]

誰かと一緒にいるとき、私たちは自分の外側にあるルールに従うことで自分の行動を作っているが、それはそれとして、自分で決めた通りに自分で動くことも大切ではないか。この伊藤さんの議論は、孤立や孤独という話と相性がいいように思えます。

そうした目で見ると、自治は、孤立を通じて自己対話的な遊びをすることに見えてきます。そのとき「自治」という言葉のニュアンスが、誰かにさえぎられたり邪魔されたりしないという単なる孤立ではなく、社会の評判とか他人からの視線のような世間的な事情を寄せ付けない隔離された領域として立ち上がってきます。

伊藤さんの「自治」概念は、「孤立」を拡張してくれる概念になりそうです。世間のルールや評価など寄せ付けない隔離された領域で、創造や創作に遊戯的に取り組むことを指して、私たちは「趣味」と呼んできました。伊藤さんは、そうした遊びの中で作り出されている、つながりから切れた感覚のことを「自治」と呼んでいるわけです。「隔離生活でルソーが実践していたのはこれだ」という感じがしますね。

要するに、スマホで得られる刺激やつながりの〈裂け目〉に立ち現れる退屈や寂しさ、何か足りないという感覚と対峙するときに必要なのは、ルソーのような遊戯的で自治的な態度だ、ということです。

ちなみに、「自治」とか「自分だけのルールを新しく作っていく」というと、「これって自己完結なんじゃね」と一瞬思うかもしれません。もちろんそうではありません。他者を依存的に求めたり、誰かに評価されたくて自分を演出して見せたりする状態から切り離されることが、「自治」と呼ばれているからです。

自治はつながりを切断することで、広い意味での「孤立」を確保するものです。寂しさがむくむく膨れ上がったり、世間を意識したりしやすいスマホ時代において、「自治」は、いいキーワードになると思います。

趣味は時に「つらいこと」も浮き上がらせる

ルソーのように、「自治の領域」を作ることは誰にとっても大事なことです。それを持つことができれば、孤独の中で直面する退屈を怖がるには及びません。自治の領域では、不安や退屈があったとしても、それと相半ばする楽しさがどこかにあるからです。

自治という論点は、第4章で見た加持リョウジのスイカ畑のエピソードと、まっすぐ重なっています。パンデミックという社会的混乱の最中、ルソーが、隔離病舎という制約ある条件下でやりくりしながら何かを作り、その環境を作り変えていったのと同じように、加持は、世界の破滅や身の危険が迫る中でも、試行錯誤しながらスイカを作っていました。

いずれの趣味も、社会状況やそれが課す義務、有用性の論理などとは無関係なところにあります。社会生活の評判やルールから切り離されたところに、趣味はあるということです。

加持は自分の趣味を「みんなには内緒」にしていました。そのことからも、加持が「自治」

の感覚を持っていることがわかります。
先にも見た通り、趣味は孤独をもたらすことで、一種の自己対話（＝思考）を実現することができます。だからこそ趣味は、作っている物事について、ひいては自分自身の特徴について何かを知ることにつながるのでした。「エヴァ」の中にも、「作ること」と「知ること」を重ねている会話が出てきます（テレビシリーズ第17話「四人目の適格者」）。

シンジ：スイカ……ですか？
加持　：ああ、可愛いだろ？　俺の趣味さ。みんなには内緒だけどな。何かを作る、何かを育てるのはいいぞ。いろんなことが見えるし、わかってくる。楽しいこととかな。
シンジ：つらいこともでしょ？
加持　：つらいのは嫌いかい？
シンジ：好きじゃないです。
加持　：楽しいこと見つけたかい？
シンジ：……。

加持　‥それもいいさ。けどつらいことを知っている人間の方が、それだけ人に優しくできる。それは弱さとは違うからな。

ここで加持は、ルソーの描写に重なることを言っていると同時に、それを超えることも言っています。順に整理しながら理解していきましょう。

作ることは知ることにつながっている。何が「わかってくる」かというと、楽しいことだと加持は指摘します。この考え方は、隔離病舎での生活をどこか楽しんでいるように見えたルソーの姿と重なっていますね。「楽しいことがわかる」というと、イメージしにくいかもしれませんが、ひとまずは、何かを作る中で何を面白く感じているのか、その感覚が過去の経験とどうつながっており、多様な自分はそれとどう関係しているのかといったことについて、自分なりに発見していくプロセスを指していると理解できます。

しかし、趣味が私たちに自覚させる物事の中に「つらいこと」が含まれているとも加持は認めています。だから、社会から切り離された自治の領域で何かを作ったり育てたりすることは、必ずしも暢気で牧歌的な時間をもたらすとは限りません。孤独になることで、不安に襲われたり、自分の嫌なところばかり思い知ったりするかもしれない。悲しい過去や嫌な感情がよみがえるかもしれない。そういうリスクがあるのは否定できることではないと加持は言うのです。

ルソー自身、パンデミックの当事者の一人として監視下に置かれていたわけですから、ルソーの隔離病舎での暮らしも、純粋に牧歌的な楽しみに満ちていたわけではないでしょう。だから、ルソーが自治の領域を作って趣味を楽しむことができたとしても、その時間を通じて彼の目に見えてきたのが、朗らかなことだけだったとは言えません。その意味で、加持とルソーはこの辺りまでは近しいことを言っています。ただし、加持からはそれ以上のことが読み取れます。その点を見てみましょう。

「つらいこと」に向き合うことが、優しさにつながる

注目すべきは、「つらいことを知っている人間のほうが、それだけ人に優しくできる」という言葉です。趣味を通じて自分自身と過ごすうち、息もできないほどつらい気分になるかもしれないけれども、それは悪いことばかりではないというのです。ただし、「痛みを知ると、人に優しくできる」というありがちな教訓ではありません。「傷が自動的に優

しさをもたらす」という考えを徹底して捨てなければ、この言葉は理解できません。

では、加持は何について語っているのでしょうか。そもそも、彼の言う「つらいこと」は、単なる心の傷やトラウマの話ではありません。これは、単なる傷つきやしんどさについての話ではなく、「何かを作る、何かを育てる」という趣味を通じて対峙することになる「つらいこと」についての話です。

孤独の中で、消化しきれない記憶、モヤモヤした気分、直視したくない現実、断ち切れない思いをなかったことにせず、それに安易に説明をつけずに向き合った経験があるかどうかが優しさにつながっているという仮説を、加持はシンジに提示しているのだと読むべきです。

趣味を通じて、生活の中に孤独を持ってきた人にだけ「見えるし、わかってくる」「つらいこと」が、優しさにつながっている。加持が口にしたのは、そういう希望です。社会から切り離されたところで何かを作り育てることを通じて、消化しきれなさや難しさと過ごすことで、人は優しくなりうるという希望。

過去に対峙するプロセスが大切
――映画「ドライブ・マイ・カー」

なかなかピンとこないと思うので、映画「ドライブ・マイ・カー」を再び見てみましょう。主人公の一人である家福悠介《かふくゆうすけ》（西島秀俊さん）は、娘との死別、妻の不義、妻との死別など、つらい過去を背負っていました。

しかし、そのことが自動的に彼を「優しく」したわけではありません。その過去をどうにかこうにか通り抜けるプロセスが必要でした。つまり、単にしんどい経験をしたからではなく、「つらいことを知っている」からこそ、家福は「人に優しくできる」ようになった。何かを作る中で「知る」というのは、捉えがたく消化しきれない何かを、どうにかこうにか反芻《はんすう》し、自分なりに理解していくことを指しているのです。

家福がつらいことについて「わかってくる」にあたって、チェーホフの『ワーニャ伯父さん』の多言語演劇を仕上げるワークショップを取り仕切っていたことが、大きな役割を果たしたことは間違いありません。やはり、何かを作るという趣味がここにも関わっています[*154]。

　また、自分の過去という「モヤモヤ」と対峙したからといって、家福は、もう完璧で問題がない、何も恐れる必要がないという地点に立っているわけではありません。彼は、「モヤモヤ」を消化しきったわけではないのです。

　そもそも彼の傷は、「癒える」という単純な言葉で語れるものではないはずです。彼の傷は癒えてなくなってしまうものではないか、消えない傷跡の残る類のものでしょう。死別は、故人との具体的な和解の機会を逃すことなので、何か方法や対策を考えることで解決してしまえる問題ではなく、どうにかこうにか折り合いをつけるしかないものです。だから原理的に、消化不良にならざるをえません。

　しかし、消化しようとした「つらいこと」が、結局は消化しきれずに自分の中にずっと残っていたとしても、それを消化しようと向き合うプロセスは無駄でも無意味でもないということは、映画を観た人ならみんなが同意してくれることと思います[*155]。

「単につらいことではなく、それを知ること」が大切だというのは、精神分析で「ワークスルー（徹底操作）」と呼ばれているものを通じて理解することもできます。ジークムント・

フロイトは、「想起、反復、徹底操作」という論文で、[*156] 患者が行動として反復している体験を言語化・意識化することで、治療は進んでいくという図式を提示しています。このプロセスにあるのが「ワークスルー」です。

この論文では、実際は精神分析家の存在が重要なのですが、私たちに都合のいい仕方でかいつまんで言うと、大体次のような内容です。〈過去の体験や経験が無意識に刻まれ、それが日常の行動の中で知らずのうちに反復される。その反復を感知し、それについて解釈を加えるプロセスを繰り返す中で、無意識に行われていたものが意識化される。〉内的体験を反芻することを通した、行動レベルでの無意識的な「反復」から、思考レベルでの意識的な「想起」への移り変わりが、「ワークスルー」と呼ばれます。

加持の発言もこれと同じ意味で理解されるべきです。彼は単に「つらいこと」の量や質を問題にしているのではありません。そうではなく、趣味がもたらす孤独を通じて、「つらいこと」を「ワークスルー」することが主体を「優しく」変化させるのであり、それは生きる上でとても大切なのだと言いたかったのでしょう。これこそが「つらいことを知っている」という言葉の意味するところです。

高ストレス環境で柔軟な変化を求められ続けるシンジ＝私たち

畑でスイカを育てるというただそれだけの話から、随分たくさんのことを読み取ってきました。この理解を手に、改めて「エヴァ」の世界に目を向けてみると、いろいろ印象が変わってきます。

そもそも、シンジはどんな状況に置かれているでしょうか。彼は、失敗の許されない状況で戦い続けることが求められ、仲間と協力すると同時に、競い合うようにも求められていました。しかも、敵は毎回形や攻略法が違うため、前回勝てたからと安心できません。シンジは、変化していく敵に合わせて急成長することを求められ続けます。

彼が勤めている職場からは、常態的にパワハラを受け続ける一方で、誰も彼の心のケアに関心を持ちません。仲間を傷つける決断を迫られたり、そう決断できないことを無責任だと罵られたり、命のやりとりを前に取り乱すことを非難されたりする。そして、そんな声の飛んでくる職場や社会のあり方が改善される見込みもありそうにない。10代の子どもながら、シンジはずっとそういう状況に置かれています。

作中で診断名がつくわけではないですが、そういう構造的な抑圧にさらされた結果として彼が示している抑鬱症状は、適応障害にほかなりません。彼は気合を入れてみたり、自己啓発の論理に訴えたり、カセットテープを延々と聞いてコミュニケーションから撤退したりといろいろな仕方でストレスに対応しようとしますが、どれも本質的にはうまくいかないか、状況をかえって悪化させてしまいます。

しかも、適応障害になった彼のことを誰もケアしようとしないどころか、彼に対して自己責任論を振りかざし、つかのまの逃避に対して逐一「逃げるの？」と問いかけ、彼を追いつめるのです。心に不調をきたさないわけがありません。

こんな風に書けばわかると思いますが、シンジは明らかに私たちの似姿です。他人と競争し（時に協力し）ながら、成長し続けることを要求され、環境のほうが改善される見込みはなく、誰も助けてくれない。メンタルヘルスのトラブルを抱え、それを自己責任として処理されてしまう。そこから距離を置こうとすれば、無責任や逃避として非難される。つらさを叫んでも受け止める人はいない。テンションを上げて乗り切ったり、快楽的なダルさに浸ったりしたくなるのも当然です。

もちろん、ひどい環境に置かれてケアされていないのは、シンジだけでなく、他のエヴァパイロットや、その他の登場人物も同じです。命令通りにしか行動できず、それ以外のことは思考の外に置いておく生き方（綾波レイ）も、居場所のない境遇を抱えきれず、自分の能力と成果に自負心を抱かざるをえない生き方（アスカ）も、単に寂しさの表れとして読めるだけでなく、弱さを許容せず柔軟な変化と成長ばかりを求められる社会生活が自己にもたらす負担の表れとして読むこともできます。

こうしてみると「エヴァ」は、ポストフォーディズムの経済文化とメンタルヘルスの結びつきを論じた、フィッシャーの議論そのものです。このような視点に立つと、スイカ畑で「シンジ」に語られた言葉が他人事でなく聞こえてこないでしょうか。

知ることには限界があり、私たちは常に不完全である

職業上の役割を逸脱する形でシンジに優しさを向けた数少ない人物が、加持リョウジです。彼は自分がまもなく死んでしまうことを悟りながら、シンジに願いを託そうとして何度か話しかけていました。その一つが、さきほど引用した会話です。趣味の大切さを語り、

スイカを育てている様子を見せた加持の身振りが、シンジにとって何か意味があるものだとすれば、同じ境遇にある私たちにとっても意味あるもののはずです。

これまで扱ってきた趣味という論点も十分興味深いものですが、人間の有限性を強調している、つまり、「私たちには限界がある」と繰り返し述べていることも加持の面白いところです。最後にこの論点を眺めておくことにします。

スイカ畑ではシンジに「何かを作ったり、育てたりする趣味を持つと、いろいろなことがわかる」と語っているにもかかわらず、別のところでは、人が知りうることの限定性についてシンジに諭しています。知ることは大切だと語りながら、知りうることには限りがあるとも語る。この一見して矛盾したスタンスは、何を指し示しているのでしょうか。

二人はスイカ畑の話の続きのように、眠れない夜の時間にこんな会話をしています（テレビシリーズ第18話「命の選択を」）。

シンジ：でも、このごろわかったんです、父さんのこといろいろと。仕事のこととか。母さんのこととか。だから……
加持　：それは違うな。わかった気がするだけさ。人は他人を完全には理解できない。

自分自身だって怪しいもんさ。100%理解し合うのは不可能なんだよ。

——人は、本質的には理解しきることができない。他人だけでなく、自分自身のことも。完全に知るということの不可能性を加持は強調しています。この指摘は、スマホ時代に鈍らせた私たちの感覚や感情に対する理解力を思わせますが、スマホ時代に限らず、「そもそも」の話をしているのだと読むべきでしょう。

そもそも人は、自分も他人も完璧には理解できない。こうした加持の視点は、哲学者のスタンリー・カヴェルと重なっています。カヴェルは、ラルフ・ウォルドー・エマソンという詩人が、人間の不可避的に抱えている「不格好な（unhandsome）」条件を見据えていたことを高く評価しました。なぜ不格好なのか。私たちは欠けていて、歪んでいて、いつも足りないからです。しっかりと掴んだと思っても、理解の対象は指の間からこぼれ落ちていく。不格好な条件とは、私たちが有限な存在であることを指しているのです。

私たちは常に「何かが欠けている（not whole）」し、「偏り（partiality）」がある。[*157] 何かや誰かに対するとき、常にバイアスを持っている。そういう不完全性を人は手放すことができないとカヴェルは指摘します。私たちの存在論的な不完全性、何か足りない状態にあることの不可避性、それが人間という生き物の不格好な前提条件です。

完全には知りえないからこそ人は知ろうとする

しかし、この考え方は危うくはないでしょうか。自分のことも他人のことも究極的にはわからないという考えは、「それなら誰かや自分と対話するなんて意味がない」とシニカルになったり、「何をやっても仕方がない」と無気力になったり、コミュニケーションそのものから撤退したりといった、流れに運ばれるだけの受動的で冷笑的な姿勢をもたらしそうにも思えます。

しかし少なくとも、加持リョウジ本人は、無気力でもシニカルでもなく、かといって他者に依存的でもありません。不安や寂しさに駆られてはいません。加持はさきほどの引用で見た言葉に続けて、こんな風にシンジに語っています。

――それは違うな。わかった気がするだけさ。人は他人を完全には理解できない。自分自

——身だって怪しいもんさ。100%理解し合うのは不可能なんだよ。ま、だからこそ人は、自分を、他人を知ろうと努力する。だから面白いんだなぁ、人生は。

確かに人間は完全には知りえない。「欠如（not whole）」こそが人間を特徴づけている。しかし加持は、そうした有限性こそが、自分や他者を知ろうとする動機になっているのではないかと考えています。理解のネガティヴ・ケイパビリティですね。理解は常に不完全だからこそ、知ろうとすることに終わりはない。それこそが、人生を面白くしている。

私たちは何かを理解しようと手を伸ばすけれども、それはいつも不完全で足りません。ここに、パスカル的な「悲惨さ」があります。よかれと思ってやったことが事態を悪化させたり、傷つけるつもりがないのに傷つけてしまったりする。売り言葉に買い言葉で皮肉や嫌味を口にして、認めてもらいたいだけなのに空回りし、誰かの優しさを素直に受け取れず、誰かの成功や幸せを妬んでしまう。自分の代わりはいくらでもいるから、とにかく命令や指示に従うことで何とか自分の存在意義を見出す。それでは本質的な解決にならないと頭で理解していながら、あの人がいない苦しさを、誰かや何かで埋め合わせようとして人を傷つける。仲間であるはずの人を妬んでマウンティングする。そんな友人にイラッとして、思わず友人の悪口を別の人に吹き込んでしまう。余裕がなくて強い語気で、関係のない人に当たるように話す。レジ列が長いだとか、赤ん坊が泣いているとか、苛立ってもしかたのないことがどうしても苛立たしく感じる。

こういう惨めな不格好さは、誰しもが持っている一面でしょう。私もそうです。しかし、こうした欠如や有限性は、私たちを動けなくするものなのでしょうか。むしろ、私たちを奮い立たせるものだと言えないでしょうか。今立っている場所から、あの丘の向こうが見えないことは、「もう少し先まで歩いてみよう」と誘うものではないでしょうか。

もしそう考えてよいなら、謎に安易な説明や解釈を加えずに、その完全な説明が不可能だというスタンスを維持したまま、どこまでも深く理解して見せようとするネガティヴ・ケイパビリティは、今はまだ手の届かないところへと手を伸ばし、未知の大地へと踏み出す冒険者的な好奇心に与えられた別の名前なのだと理解できます。つまり、私たちの不完全さや未熟さは、自分の生の内側で堂々巡りする理由を与えてくれるものではなく、今いるところから一歩ずつ歩いてみるきっかけにほかなりません。

ここまで説明すると、加持の姿勢は文学における「ロマン主義」と重なってきます。[*158] ロマン主義は多面的な運動なので、安易に定義しづらいのですが、そのスタンスの一つに、「汲み尽くせなさ」に対する感受性があります。それは、何かを手に入れたと思っても、そこからこぼれ落ちていくものがあることを知っていることです。言い換えると、「これだ」と思って把握したものがもっと深さを持っていて、どこまでも知性を超えていくはずだという洞察です。[*159]

ちなみに、ネガティヴ・ケイパビリティという言葉を作ったジョン・キーツは「ロマン主義」を代表する詩人です。加持とキーツの取り合わせは一見すると奇妙ですが、実はさほど不思議なものではないと、これまでの説明から十分伝わったかと思います。

知り続けることの楽しさとしての哲学

私たち人間は、不可解な事件の謎を解いていく探偵のように、知性の光を頼りに、いろいろなことを知ろうとし、未知を既知に変えてきました。しかし、どれだけ説明や解釈の光を当てたとしても、合理的な意味には回収しきれない暗闇が常に残ります。不格好な条件の下に生まれた私たちは、常に欠如した形でしか、誰かや何かを知ることができません。

もちろん、自分自身のことも、いつまでも完全には理解できない。

このことを考える上で、テレビシリーズの第11話「静止した闇の中で」の終わり際に登場する会話は印象深いところがあります。

アスカ：でも、明かりが無いと人が住んでる感じがしないわ。〔街の明かりがつく〕ほら、こっちのほうが落ち着くもの。

レイ　：人は闇を恐れ、火を使い、闇を削って生きてきたわ。

アスカ：うー、哲学ぅ～！

光が落ちるところには、それに合わせて影が広がっていく。これは、好奇心や知性（＝光）と、謎や問い（＝暗闇）をうまく対照させたメタファーとして読むこともできます。

人間は身の回りの謎や問いを知ろうとし、解釈や説明を与えてきました。しかし、謎が消えてなくなるわけではありません。明かりこそが影を生み出すように、闇を削っても暗さはどこまでも残ります。しかし、残り続けている暗闇こそが、「そこには何があるんだろう」と好奇心を誘い、別の暗闇に明かりを灯すことを励ましているとも言えるわけです。

そして、どこまでも謎があり、すべてを手に入れることができないからこそ、知ろうとする好奇心が生まれるし、加持の言葉を借りるなら、それこそが生活を「面白く」している。何かを作り育てることを通じていろいろなことを知る営みが「趣味」というラフな言葉で呼ばれたのは、その面白さを捉えるためだったのでしょう。

もちろん、アスカの「哲学」という言葉遣いは、急に抽象的で改まったことを言い始めた人物へのからかいとして出てきたものにすぎません。そこに何ら深い意図はないでしょう。それでも、終わらない未知を面白がり、謎に取り組み続けようとする生き方を描写した言葉に、「哲学」という名前を当てようとするのは、悪くないやり方です。というより、philo（愛）＋sophia（知）の組み合わせこそが哲学なのだから、彼女はそうと知らずに哲学の核心を指さしたのです。

コラム

実存主義・対象関係論・消費社会論の取り合わせ

ポストフォーディズムの高ストレスへの対処として、自己完結的でハイテンションな自己啓発を駆使する方法（前章）と、注意を細切れにして快楽的なダルさに浸る方法（本章）があります。明快な刺激とつながりが続くときの心地よくて気怠い「酩酊」や「昏睡」が一瞬でも途切れると、退屈や虚無感が去来します。だから、刺激とつながりを執拗に求めるのですが、むしろ、そのフローが途切れ、虚無や不安を体感する時間が大切です。普段通りの感覚刺激の〈裂け目〉でこそ、退屈や不安を享受する練習ができるからです。ここで用いた論法は、デューイだけでなく、ハイデガーや九鬼周造などの「気分」概念を重視する実存主義者の影響を受けています。

今回主として採用したのは、メラニー・クライン以来の対象関係論の知見です。[*160] クラインは、妄想分裂ポジション（人や物事の一部だけを見て関係を築き、曖昧を許容せず明確に白黒付ける状態）、抑鬱ポジション（人や物事に、良い面と悪い面が共存することを認めつつ、自身が対象に両義的な衝動を持つことに罪悪感や葛藤を抱いている状態）について語っていますが、その議論を発展させて、トーマス・H・オグデンが「自閉接触ポジション」という言葉を新たに導入しました。フィッシャーの「抑鬱的快楽」は、この自閉接触ポジションのとりがちな防衛行動だと言えるでしょう。この防衛について、消費社会（ないしメディア論）の観点から検討を加えた点も本書の特徴です。

そして、この章の議論を言い換えるなら、世界や他者と関わろうとすると、安易に良い悪いの陣営分けをしていく妄想分裂ポジション（オルテガが批判した現代人像）に陥り、そうした二元論にコミットせずにぬるく場の空気を維持しながら過ごそうとするときは自閉接触ポジション（フィッシャーの危惧した現代人像）によって何とか自分を保っていくことになりがちだとでもまとめられます。自己啓発文化の過剰な自己信頼は、どちらかというと妄想分裂ポジション的なものを支え、モヤモヤをスッキリさせてしまう言説だと位置づけられるでしょう。

以上を踏まえた上で、この世界や自分の曖昧さ、複雑さ、中途半端さに、急いで白黒つけずに消化不良のまま抱えながら折り合いをつけていく方法（＝抑鬱ポジション）を探したほうがいい、そのときに参考になるのが趣味や自治という視点だという話をしました。

最後の加持やカヴェルの議論は、「道徳的完成主義」と呼ばれる立場につながっていくのですが、それが徳倫理的な（そしていくらかエリート主義的な）イメージを帯びることもあり、やや重たく真剣すぎる雰囲気を持つ印象があるので、それは避けたいと思いました。また、探究や自己対話を促す際に、本来性（人間本来のあり方）を前提とするような疎外論の文脈で読まれることを避けたいとも考えました。だからこそ、「趣味」という軽さのある言葉を用いました。「孤独」という言葉を、遠くの誰かの深刻な事柄ではなく、もっと軽快で身近なものとして位置づけたいのです。

＊136 Fisher, *Capitalist Realism*, p.21＝『資本主義リアリズム』61頁
＊137 同前、p.23＝65頁
＊138 同前、pp.21-3＝61-65頁
＊139 同前、p.24＝66頁
＊140 トーマス・H・オグデン（和田秀樹訳）『「あいだ」の空間：精神分析の第三主体』新評論、1996、194-196頁　具体例は私が足したもので、オグデンは別にスマホのことを考えていません。
＊141 ドナルド・メルツァーほか（平井正三監訳）『自閉症世界の探求：精神分析的研究より』金剛出版、2014、16-17頁
＊142 「作り出す側」については、プラットフォーム経済や評価経済について論じた拙論「プラットフォーム経済の生き方、読み方、抗し方」が参考になるはずです。『働き方と暮らし方の哲学』丸善出版に収録されています。
＊143 O・F・ボルノウ（藤縄千艸訳）『気分の本質』筑摩書房、1973
＊144 「考えるな、感じろ！」や「情緒的内実」をめぐる議論は、「気分」概念の問題として読み直すことができます。
＊145 東畑開人『なんでも見つかる夜に、こころだけが見つからない』208頁
＊146 John Dewey, *Reconstruction in Philosophy*, Dover, 1948, pp.50-1＝清水幾太郎・清水禮子訳『哲学の改造』岩波文庫、1968、96-97頁
＊147 ハンナ・アーレント『全体主義の起原3』350-351頁
＊148 オルテガ『大衆の反逆』112頁
＊149 都市生活を巧みに描く作家、チャン・リュジンは、『月まで行こう』（光文社）という小説の中で、現代の会社で働

く緊張感を「幽霊屋敷」に喩えています。また、同じ小説で、会社の人間関係や競争、評価などを、小さな冷蔵庫の中で、製氷品のスペースを時に泣く人が出るほどの真剣さで奪い合う様子になぞらえています。いずれも少々の皮肉と自己相対化が含まれていて巧みです。

ちなみに、もし今この瞬間に死線をくぐるような苦しさを生きていて、まだ医者に行っていないなら、いったんこの本は脇に置いて、とにかく心療内科や相談窓口に行ってくださいね。怪我した直後にすべきことは医者に行くことであって、哲学は、怪我する前に転ばぬ先の杖としてふれたり、ひとまずの処置が終わってからいろいろ考えるためにふれたりすればいいわけですから。

＊150 カトリーヌ・マラブー（西山雄二訳）「隔離から隔離へ――ルソー、ロビンソン・クルーソー、『私』」、西山雄二編著『いま言葉で息をするために　ウイルス時代の人文知』勁草書房、2021、3-13頁

＊151 ジャン＝ジャック・ルソー（桑原武夫訳）『告白（中）』岩波文庫、1965、38-39頁　ここで参照しているカトリーヌ・マラブーの意図に合わせるため、表記は『いま言葉で息をするために』の翻訳に合わせました。

＊152 そうは書きましたが、これはちょっといい話にしすぎです。ルソーは猜疑心が強く、人間関係にトラブルが絶えなかっただけでなく、人に見せるために自己演出的な自分語りをした文学者の先駆としても知られています（SNSの元祖みたいなところがあるわけですね）。つまり、彼もまた、強く寂しさに苛まれており、安全圏から語っていたわけではありません。彼の弱さを否定的に見ることもできますが、私たちはひとまず他人事ではないと考えるべきでしょう。寂しさに振り回されるミサトに対したように、そうしたルソーを自分の中にも見つけて然るべきなのだと思います。

＊153 「自治の領域をつくる。それが生きることを楽しくする―伊藤亜紗 ＃1」POLA, We/Meet Up https://www.pola.co.jp/special/o/we/meetup/ito-asa01/

＊154　もちろん家福は仕事として演劇をやっているわけですが、その点は関係ありません。ここでいう「趣味」は、有用性の論理や社会の評判、寂しさに振り回されず、試行錯誤しながら「何かを作る」ことを指しているからです。

＊155　消化（ワークスルー）のプロセスについては、全く違う道具立てを使って、谷川嘉浩『鶴見俊輔の言葉と倫理』（人文書院）の第三部「日常とヴァルネラビリティ」で論じました。併せて読んでもらえると、とてもうれしいです。

＊156　手頃で入手しやすい、中山元訳『フロイト、無意識について語る』（光文社古典新訳文庫）には、「想起、反復、徹底操作」というタイトルで収録されています。おそらく人文書院版のフロイト全集を踏襲した訳語です。岩波書店版『フロイト全集』では、13巻「想起、反復、反芻処理」というタイトルです。

＊157　Stanley Cavell, *Conditions Handsome and Unhandsome, 2nd edition*, University of Chicago Press, 1991, p.41 ＝（中川雄一訳『道徳的完成主義：エマソン、クリプキ、ロールズ』春秋社、2019、118 - 119頁カヴェルのこの議論については、戸田剛文編『今からはじめる哲学入門』（京都大学出版会）所収の私の文章でも扱っています。

＊158　拙著『信仰と想像力の哲学』の第5章で、ロマン主義について、そしてロマン主義が大切にした「想像力」概念について整理しており、そこにはデューイも登場します。本書が試みたのは、ある意味でのロマン主義の復権だと言えます。

＊159　これは、「感じる」「情緒的内実を持つ」という言葉で指そうとしたものと同じものです。

＊160　クラインは対象関係論の「源流」であって、この立場に直接該当しないと考える人もいます。

おわりに

寂しさは私たちを一人ぼっちにする

哲学者はもちろん、心理学者やメディア研究者、そして、映画やアニメなど、いろいろな場所の言葉を見て回ってきました。自分自身を疑いながら、迷子になって考え、探り、歩いていく旅路はどうだったでしょうか。

冒頭に置いたフレーズを改めて見てみましょう。

君たちにとっても、生きることは激務であり、不安だから、君たちは生きることにうんざりしているんじゃないか？〔…〕君たちはみんな激務が好きだ。速いことや新しいことや見慣れないことが好きだ。——君たちは自分に耐えることが下手だ。なん

――とかして、君たちは自分を忘れて、自分自身から逃げようとしている。*161

このフレーズをまともに受け止めながらも、あまり深刻になりすぎず、内面と向き合いすぎず、コミュニケーションやつながりの大切さを安易に訴えずに、それでも言えることがあるとすればなんだろうか、そして、私たちが逃げている「モヤモヤ」「消化しきれなさ」「難しさ」「汲み尽くせなさ」と向き合う具体的な手立てはあるだろうか、と問うてきました。

本書のモチベーションをいろいろな仕方でまとめることができますが、例えば、「アテンションエコノミーが加速させた寂しさに対処しようとするものだ」と説明できるかもしれません。しかし、私たちが抵抗してきたものは、寂しさそのものというより、寂しさに駆られて妙な行動をとりがちな私たち自身です。私たち一人一人が、どれほど周到に自分を激務で取り巻いているかということ、そして、スマホやスマホが可能にした消費環境が、激務で取り巻くことにどれほど寄与しているかということを繰り返し確認してきました（もちろん、ここにポストフォーディズムという論点も付け加えられます）。

寂しさ、つまり「自分は一人だと感じて誰かを求める気持ち」というと、好意を持って誰かに依存することばかりがイメージされるかもしれませんが、それは単純すぎる見方です。吉野朔実さんの『瞳子』（小学館）という漫画に、「そうして、嫌うことによって母に依存している自分を、認めたのだった」という印象的な言葉が出てきますが、この観察は適切です。敵意や攻撃性もまた、その他者に対する強い依存の表現にほかなりません。ネットの「アンチ」や陰謀論者の類を思い出せばわかるように、嫌うことや非難することも寂しさの発露です。好意と敵意のいずれも、寂しさの表れでありうるということです。

寂しさに振り回されるとき、私は一人ぼっちです。つまり、他者を依存的に求めることに駆り立てられているので、自分の心から多様な声が失われて、たった一つの声だけを発する一枚岩の人間になっているのです。自分の不安を消す誰かを求めても得られないから一人ぼっちであるだけでなく、自分の中に住んでいたはずのいろいろな他者が「なかったことになる」という意味でも、寂しさは私を一人ぼっちにします。だからこそ、「誰か私と一緒にいてほしい」という思いが一層膨張していきます。

そういう割り切れた人、一枚岩の人は、自分を相対化する要素が自分の内側にありません。だから、自分の中にある目立った声を反響させて増幅し、自分の内面ばかりを気にするか、他者の声に飲み込まれてそれを「自分の心の声」と同一視するかといった事態になりかねません。これが悪感情に転じたとき、「自分を誰もわかってくれない」「こいつに真実をわからせないと」とか、「とにかく指示に従えばいい」「あの人が何とかしてくれる」といった声が自分の中で湧き起こることになります（妄想分裂ポジション）。

寂しさに振り回される私たちを特徴づけるのは、自己への過剰な関心と自己完結性です。寂しさは他者を求めているようで、実際には自分が依存したり都合よく扱ったりできるような限りでの他者を求めているという点で、自分への強い関心の延長線上にあります。スマホが可能にするマルチタスキングや諸々のつながりは、こうした自意識を刺激し、増大させるところがあります。*162

自分の生の内部に閉じこもって、自我の迷宮をぐるぐると回り続け、他者の言動や社会的事件など、外側で起こっているすべてのことはすでに自分が持っている「考え」や「意見」に基づいて判断できるし、コメントできるし、評価できると考えてしまう。これが、自己完結性。「エゴイズム」「迷宮」「自己の生の内部にいる」「自己中心的に歩く」「堂々巡りしている」という言葉でオルテガが批判したことです。

孤独と趣味のつくりかた

　こうした自己関心的で自己完結的なモードに対置したのが、孤独や孤立であり、それを可能にすると目される「何かを作る、何かを育てる」という趣味であり、延々と書き直すことであり、退屈や欠如の気分であり、抑鬱ポジションであり、情緒的内実を持つことであり、「指先に目を奪われるな」であり、自治であり、自分の頭で考えないことであり、想像力を豊かにすることであり、自分の中に他者を住まわせることであり、ネガティヴ・ケイパビリティであり、終わらない探究を続ける冒険的な好奇心です。

　ダーッと書きすぎたので、「孤独」と「趣味」という概念に即して整理してみましょう。スマホやSNSというメディアが形作った習慣によって、寂しさに自分がハイジャックされるような時代に私たちは生きています。その時代に失われがちなのが「孤独」です。

　孤独は、自分一人でいて、自分自身と対話している状態を指しています。すぐに注意を分散し、マルチタスキングに陥らせるスマホは、孤独を確保しづらくさせており、その意味で「孤独」は、スマホ時代においてますます大切になっています。しかし実のところ、無条件に頼れるものでもありません。アーレントが指摘するように、孤独は、いつでも寂しさに転化しかねないからです。[*163] 例えば、自分を抱えきれず、他者を求めてしまう寂しさは、ナルシスト的に孤独の重要性を訴えるという姿を見せることもあります。

世の中には、「孤独であれ」「孤立を恐れるな」「友だちはいらない」という本や記事や、「自分の潜在意識を信じろ」「自分の内なる声を聞け」というメッセージを発する自己啓発がありますね。いずれも、他者や世界をノイズとして退け、自分の中に閉じこもることを促すレトリックです。「自分はうまいことやれる」という自負心にすがり、「他人なんてどうでもいい」「自分の心に聞きさえすればいい」と他者をあえて軽視する姿勢は、転倒した形で「寂しさ」を示しているのではないでしょうか。他者を求めている自分を否認するあまり、他者をノイズとして退けているところがあるように思うのです。これは本書が語る孤独と何の関係もないどころか、敵意の形をとった寂しさの表れにほかなりません。

このことが教えてくれるのは、孤独は大切だけれども、ふとした拍子に寂しさに転じかねないため、「一人になりさえすればいい」「とにかく孤独を強調すればいい」という話ではないことです。だから私は、あくまでも孤独をカジュアルなものとして、あまり深刻でないものとして、できれば楽しいものとして描こうとしてきました。孤独は、どこか遠くの話ではなく、もっと軽快で身近にあるものとして描かれたほうがいいと思ったわけです。

そういう考えから導入したのが、「趣味」というキーワードです。いい感じの軽さがある言葉ですよね。そういうわけで、第4章のタイトルには「孤独」だけでも「趣味」だけでもなく、その両方が掲げられています。では、「孤独と趣味のつくりかた」とは、結局何だったのでしょうか。

本書で提案した「孤独のつくりかた」は、趣味を持つことです。ただし、日常的な語感とはちょっと違っていて、「何かを作ったり育てたりする活動」に限定されています。しかも、その「趣味」は、社会生活などとは切り離された自治の領域において、自分なりに試行錯誤しながら何かを作り上げることでなければなりません。

趣味で作ったものをメルカリで売るとか、「いぇーい、趣味でーす」ってSNSに投稿するとか、流行に乗って三ヶ月くらいだけやるやつとか、さしあたって、そういう祝祭みたいなものは「趣味」ではないということですね。でも、仕事の一部が、本書の言う意味での「趣味」になることは十分ありうると思います。「ドライブ・マイ・カー」で描かれた多言語演劇ワークショップ、ヴァレリーの詩作が、その具体例です。

もう一つ。試行錯誤とはいっても、趣味の試行錯誤は、ビジネス書などで語られる「問題解決」のようなものではありません。ピアノを弾くとき、自分がいいと思えるまで何度もリトライしながら音楽を完成させようとするように、そこには「反復」があります。しかも、一度完成したと思っても、一年後にはまた作り直しているかもしれないし、それもさらに一年後には……というように趣味には終わりがありません。趣味は遊びなのですから、特定の目標が達成されたくらいで手放されるものではありません。「反復練習さ。同じことを何度も繰り返す。自分がいいなって感じられるまでね。それしかない」というカヲルの言葉は、趣味の終わらない楽しさを適切に表現しています。[*164]

何かを作ることの終わりのなさからも示唆されるように、作るときに私たちが向き合っている「何か」は捉えどころがありません。私はそれを「謎」と呼びました。[*165] 何であれ、決して思い通りには作れず、意図した通りには育てられない。自分の計らいを超えた謎と繰り返し戯れるうちに生まれると期待されるのが、自己対話です。つまり、趣味は、捉えどころのない謎との対話を通じて、アーレントの言うところの「一人の中に二人いる」状態をもたらす可能性があるということです。本書が描いてきた「趣味」は、こんな風に「つくられて」います。

自己の多様性が見えにくくなるとき

　孤独は、自分自身の対話を通じて自己形成していくプロセスだとも言えます。それは、「自分という庭」を育てる試みです。いろいろな他者や作品、趣味で作っているものなどの影響で、私という庭には、いろいろな草木が茂っています。紫陽花が元気に育っているかと思えば、植えた覚えのないかすみ草が咲いていて、注意深く育てたはずのスイカが枯れそうになっているかもしれません。自己というのは、こうした雑多なものの混合体です。

　しかし、誰かの目にさらされるとき、私たちの多様性は見えなくなります。誰かと一緒にいるとき、私たちは「一人」として存在しているからです。つまり、多様な自己を使い分けるのではなく、ただ自分という一人の人間としてそこに立っています。実際にはそこにいろいろな植物があるにもかかわらず、目立つのがスイカ畑だとすれば、「頑張って手をかけたのにスイカを全部枯らしそうになっている」人として扱われてしまうわけです。それに、妙に自分を使い分けては、一貫したコミュニケーションをすることが難しくなるでしょう。他者の目にさらされるとき、自分の多様性は見えにくくなってしまうものです。

「だとすると、互いに自己の一部だけでなくいろいろな部分を明かしながら付き合う多面的で、一貫しない関係性でコミュニケーションをすることも大事だね」という話になりそうなものですが、それは単純すぎる見方です。そもそも、私たちは自分の多面性をそれほど認識していないように思えるからです。私たちは寂しさに駆られているとき（あるいは自己啓発の論理に沿って「自分の心に従って」いるとき）、自分を一枚岩の存在として捉えてしまいがちです[*166]。スマホを持ち歩き、SNSを通じて、ほとんど常に他者の目にさらされているのだから、そもそも私たち自身が率先して、自分の多様性を抑圧しているかもしれないという視点に立つ必要があります。

　加えて、私たちはもう「つながりの作法」を忘れてしまったかもしれないという問題があります。「誰かとつながろう」「みんなで対話しよう」という掛け声に従って現代人が行動すると、定型文や画像を送り合うような微温的で、いつでも関係を切ることができる同調的なじゃれあいを「つながり」と呼ぶことになりかねません。もちろん、ぬるいコミュニケーションも大事なのですが、ソーシャルメディアやネットゲームなどを使えば、割と簡単にアクセスできるので、わざわざこの価値を強調するまでもないように思うのです。わざわざ強調する価値があるのは、今アクセスしがたいもののほうです。では、私たちが忘れてしまったつながりとはどんなものでしょうか。

インターネットもスマートフォンもなかった時代のアメリカ南部にある郊外を舞台にした、グレイディ・ヘンドリクスの小説『吸血鬼ハンターたちの読書会』（早川書房）には、自分の大好きな友人たちや家族を含む、地域コミュニティ全体から破滅的な烙印を押された人物が登場します。主人公のパトリシアです。彼女は、秘密を抱えたまま読書会の友だちを意図通り動かそうとした結果、友だちとぼろぼろに傷つけ合うことになり、結果としてパトリシアの地域での評判は地に落ちて信頼を失います。しかしパトリシアは、それでも友人たちとのつながりを切りたいとは考えませんでした。この友だちにだけは何とか状況を理解してもらいたいと考え、手を替え品を替えて対話をし続けようとします。いくらでも「切る」ことのできるつながりに慣れた今日の私たちには、こんな関係性やつながりを想像することが難しくなりつつあるように思えますね。

こういう理由から、自分の複数性に気づき、それを育てていく論理をどう整備できるかという作業に本書では注力しました。孤独や趣味について何度も語ったのも、同じ理由からです。この本の内容を一言でまとめろと言われたら、「いきなりパブリックにつながってばかりいずに、プライベートな享楽をしっかり追求することも必要なんじゃないか」ということになるでしょうか。スマホ時代においては、孤独を経由してこそ、適切なつながりが可能になるはずです。

しかし、ずっと「自分の中の他者」にばかり注意を払ってばかりもいられません。シンジにとっての加持のような、自分をケアしてくれる他者（自分の外にいる他者）について考える必要もあります。

仲間と信頼の重要性

ハンナ・アーレントは、孤独について話す文脈で、仲間の存在に言及しています。仲間は寂しさに駆られた人間の依存先になりうる存在でもありますが、同時に私たちの支えになる存在でもあります。

――自己は孤独の中で現実化されうるが、その同一性を確認してくれるのは、私たちを信頼してくれ、そしてこちらからも信頼することのできる仲間たちの存在だけだ。[*167]

「これいいね」「あ、きれい」「枯れそう」などと庭の植物たちに気づいて声をかけ、その存在を認めるのは、信頼に値する仲間です。仲間に自分を見られ、語られ、あるいは、仲間と語り合うことで、私たちのほうも、庭づくりを頑張れることがあります。信頼できる仲間のおかげで、庭が豊かになることもある。誰かが種を分けてくれることもある。

ここで提示された「信頼」という言葉は、その人が信用できるかどうかという個別の問題というより、この世界に安心して暮らせるかという問題に関わっています。根本的な意味で自分のことを認めてくれる人がいることの安心は、孤独においてあれこれ思考し、趣味においてあれこれ試行錯誤する上で、欠かすことができません。

アーレントは先の文章をこう続けています。

寂しい状況においては、人間は自分の思考の相手である自分自身への信頼と、世界への例の根本的な信頼というものを失う。人間が経験をするために必要なのはこの信頼なのだ。[*168]

寂しさは、他者だけでなく、自己も世界も信頼できないものにさせかねない。それは、友人との関係が変質し、地域コミュニティでの評判が地に落ちたときの抜け殻のようなパトリシアがまさに陥りかけた状態でした。それ以上に重要なものとしてフォーカスを合わせたいのは、アーレントの引用文の後半部分です。彼女によると、多様な自己を育む孤独は、世界や他者、そして自分に対する基本的な信頼の上に成り立っており、そうした信頼を育んでくれるのが、信頼に値する仲間なのです。

『吸血鬼ハンターたちの読書会』には、パトリシアが精神的にも物理的にも傷ついて入院したとき、スリックという一人の友人が翌朝やってきて、小一時間ベッドのそばにただ座っていてくれるというエピソードが出てきます。地域コミュニティにおけるパトリシアの評判は地に落ちていたため、他の読書会メンバーが世間体から近づかなかったにもかかわらず、スリックは病院を訪ね、パトリシアのそばに座って時間をともにしたのです。スリックの行動はパトリシアにとって、本当にありがたく、心強いものだったでしょう。ただ、それはスリック個人への信頼を強くさせるものであるだけでなく、「まだこの世界に、私はいていいのかもしれない」と思わせるような行動でもあったでしょう。アーレントが話している「自分自身への信頼と、世界への例の根本的な信頼」とは、このことです。

アーレントは人間だけを念頭に置いているはずですが、私としては、人間以外の存在、つまり、犬や猫のようなコンパニオンアニマル（伴侶動物）やキャラクター、作り育てているもの（スイカや詩、音楽や絵）などを、この「仲間」になりうるものと考えていいと思っています。さらに、創作物に登場する不思議なモチーフのように、何かを作っているときに出会うものも、「仲間」になりうると思っていいだろうとも思います。

ともあれ、誰かに信頼されたり、その誰かを信頼したりすることは、「知る」ことを、「自分を、他人を知ろうとする努力」を続ける基盤になっていることを確認しておければ、ひとまず補足説明としては問題ないでしょう。

自己の多様性を作曲すること

しかしそのような他者との信頼関係は、容易に依存的な関係になったり、LINEスタンプや内輪の言語で決まったシグナルを送り合うようなコミュニケーションになったりするものです。それが必ず悪いというわけではないですが、関係性から「モヤモヤ」「消化しきれなさ」「難しさ」を抱える余地がなくなることには問題があります。

やはり重要なのはバランスです。「孤独の中にいる自分」と、「仲間とともにいる自分」の緊張関係。一人でいることだけで問題は解決しないけれど、一人でいること抜きに事態が好転することもありません。一方の自分だけにならないように、いずれの自分に対しても他方の自分から問いかけや謎を発していくことが大切だと思います。

第2章で提示した「自分の中に他者を住まわせる」という言葉を思い出してください。他者を住まわせるとき、他者を自分色に染めてしまわないこと、他者を他者のままにしておくことが大切だという話でした。多様な他者の住まう場所として「自分」を形作るという観点に立つと、「孤独の中にいる自分」と「仲間とともにいる自分」の違いもまた、自分の多様性を育てていくためのきっかけに見えてきます。多種多様なコミュニティに所属しようと考えることで、「仲間とともにいる自分」の数を増やしていくこともできるので、これは悪くない考えです。

詩人のアマンダ・ゴーマンは、『わたしたちの登る丘』で、「完璧な国家をformする」と「多様な境遇や差異に真摯にコミットする国をcomposeする」という対比を作っています。[*169]

彼女の言葉を借りるなら、私たちが目指しているのは、「完璧な自己を形成すること（to

form)」ではなく、どんな謎に対しても「真摯にコミットする自己を構築すること（to compose）」です。「構築」と訳した"compose"には「作曲する」という意味があります。そのニュアンスを読み込めば、ゴーマンの言葉選びは、本書の流れの中でも輝きます。

曲は一人でできあがっているわけではありません。主旋律に力を割く人もいれば、対になる旋律を担当する人たちもいるし、ただリズムを刻むことに特化している人たちもいます。他者を住まわせることは、こうして曲に参加する人を増やすことだと言えます。

それから、私たちが普段聴く曲には、折り合えない複雑な音を取り合わせた不協和音や複雑なコードがしばしば入り込んでいますが、そうしたものなしに、音楽は魅力的な音楽になりません。本書が不器用に使ってきた「謎」「問い」「モヤモヤ」「消化しきれなさ」「難しさ」という言葉は、この不協和音や複雑なコードのようなもので、それこそが曲に奥行きをもたらしています。メジャーコードだけというのも味気ないので、マイナーコードも交ぜてほしいところです。

この音楽がいつ始まったのかは読者の生年月日次第ですが、私たちはまだ終わっていない一つの曲のようなものです。でも、最初からすべてを設計して作り上げる類の作曲ではありません。私たちの生は、常に即興による作曲です。ジャズのインプロビゼーションのように、互いに探り合いながら始まった音楽に、その場にいる人が次々と加わって、いつ終わるかもわからない。

ちょっとウッドベースが多すぎる編成。誰かがピアノの連弾をし始める。さっき使ったメロディを反復することが楽しくなるタイミングもあれば、新しい楽器に乗り換える人がいたりする。飛び入り参加があって、もっと楽しくなってくる。たまにユニゾンすることがあっても、いろいろな楽器の音がそこには存在している。

こんな風に音楽を即興で構築することとして、自己形成を捉えるときっと深刻さは減るんじゃないでしょうか。そうすると、起こることすべてに真摯であろうとする警戒心についてオルテガが語ったことは、即興演奏に加わった人たちが互いの音を聴き取ろうとするときのような慎重さのことだと再定義できます。スマホ時代の哲学は、それくらいの構えでいい。そういうわけで、本書の旅は、冒険や観光のメタファーに始まり、治療や庭、ゾンビ映画、森、スイカ畑、(グレイディ・ヘンドリクスの)ヴァンパイア小説などを経て、音楽のメタファーに終わることにしましょう。

あとがき

本書を通じて読者にインストールしてもらいたかった想像力は、一度引用した、シェリー・タークルのこの言葉に象徴されるものです。

> もっと感情を働かせるために、そしてもっと自分らしく感じるために、私たちは接続する。ところが、どんどん接続しながら、私たちは孤独から逃避している。そのうちに、隔絶して自己に意識を集中する能力が衰えていく。〔…〕ひとりきりで考える習慣がないと、自信をもって堂々と自分の考えを話題にのぼらせられなくなる。協調する力がつちかわれない。革新も生まれない。それは常時接続によって衰えていく、孤独を味わう能力を要するものだからだ。[*170]

オルテガ、ニーチェ、パスカルの言葉、あるいは葛城ミサトの姿を通じて確認してきた私たちの情けなさ、フィッシャーや自己啓発論、碇シンジの境遇を通じて検討した現代の経済文化の苛烈さ、そして、私たちの注意を分散させていくスマホがもたらす消費環境の周到さは、私たちの主体性を、つまり、自分という「物語」を所有し、主役でいようとする力を奪っているように思われます。

そのために必要な「孤独」とそれを確保するための「趣味」について、本書は論じてきたわけですが、もちろん「孤独や趣味は大事だ」と口にするだけで、すべてに片がついて万事解決というわけもありません。議論や探求は、どこまでいっても不十分で足りないものです。「だから面白いんだなぁ、読書は」とでも、加持なら言うでしょうか。

あとがきに代えて、一つのエピソードを紹介させてください。小説家の黒井千次さんのエッセイにあった話です。ある作家が発した疑問すべてに即座に答えを示し、何でも知っているかのように振る舞う人物に対して、その作家は「俺はもう、あんたにはものを訊ねないよ」と返したそうです。黒井さんが作家にそう言った理由を尋ねると、「何を訊いても知らないことがないのだから、つまらないよ」と応じたそうです。ネガティヴ・ケイパビリティに欠けた人だと思ったのでしょうね。この作家には、知らないことを知ろうとすることの「面白さ」を強調する加持と重なるものがあります。

ただ、この本を一通り読んだ読者には、黒井さんのこの先の言葉のほうが興味深く思われるはずです。

> あの作家は、ただ答えが欲しかっただけではなかったのだろう、との思いが頭に浮かんだ。そうではなく、自分の抱く疑問に参加し、一緒に考えてみるような姿勢が相手に欲しかったのではあるまいか、と勝手に想像した。*171

考えてもらうのでも、自分だけで考えるのでもなく、知らないことを誰かと一緒に考えるという冒険に参加することの喜びが語られているものと読むことができます。

ある意味で、本書を読むことは、「私の抱く疑問に参加し、一緒に考えてみる」ことだったと言えます。実のところ、他者の想像力を学ぶ、他者を住まわせるときに必要なのは、自分の疑問の答えを探すことではありません。「他者の抱く疑問に参加し、一緒に考えてみる」ことです。そうして身につけた（はずの）いくつかの想像力が、今度は、読者一人一人の「自分の抱く疑問」を歩き回ってみるときの手助けになるはずです。

この本の想像力があなたの中に住まう他者の一人となったとすれば、著者としては大満足ですが、それ以上にうれしいのは、この本が、他のいろいろな書籍や対話に手を伸ばし、たくさんの想像力を身につけるきっかけになることです。そういう貪欲な知的冒険のどこかで、またみなさんを案内できる機会がありますように。

下書き段階で原稿を読んでくれた児玉麻衣子さん、鳥井直輝さん。議論を通じて本書につながるたくさんのヒントを与えてくれた小川公代さん、髙田理子さん。この本の執筆と並行して一緒に別の本を作っていたため何度も対話する機会があり、本書の主要な道具立ての形成に、そうとは知らず貢献してくれた杉谷和哉さん、朱喜哲さん（座談本『ネガティヴ・ケイパビリティで生きる』がさくら舎より刊行）。編集の橋本莉奈さん、千葉正幸さん、イラストの森優さん、（単行本）デザインの佐藤亜沙美さん。ありがとうございました。そして、にゃーにゃー言うのが担当の保護猫しおんにも感謝を。

二〇二二年十月二十一日　少し肌寒くなった京都にて

谷川　嘉浩

増補改訂版 限定付録

『スマホ時代の哲学』を実践する人のためのQ＆A

『スマホ時代の哲学』は、常時接続の世界における「注意の分散」や、スマホが増幅させる「寂しさ」に抵抗し、自分の思考や注意の主導権、つまり精神の自由を確保するのはどうすればいいかを考えた本です。よくもらった質問や感想に答える形で、その実践のヒントを提示したいと思います。

1 教育とスマホ

子どもがスマホばかり見ていて心配です

子どものスマホ使用に悩む保護者や教師が多いようで、よく聞かれました。第4章のコラムでも指摘した通り、禁止するとむしろ気になるものなので、「スマホやSNSの使用禁止」はやめたほうがいいでしょう。大事なのは、スマホとは別の楽しさを育てること。子どもに芽生えた関心に気づき、それが喧騒や雑多な刺激で押し流されないように配慮するのが大人の仕事だと思います。

子どもは大人の背中を見るものです。だから、子どもに「うまくネットとつきあってほしい」と望むのはいいですが、そう語る大人がスマホばかり見ていたら仕方がないですよね。大人がスマホ以外の何かを楽しんでいる姿を子どもに見せるとともに、子どもが楽しんでいることを面白がる姿勢をちゃんと見せることです。

いずれにせよ、大人や教師が心配しすぎないことが大切です。大人は自分に子どもがいなくても、子どもの教育については、冷静でいられずに何かと口を出しがちです。社会の問題を教育だけで解決しようとしたり、特定の教育法や教育政策が絶対的に正しいと強弁したり、成果が見える前に方針を転換したり、証拠もないのによさそうだという理由で教育現場に実装しようとしたり。アリソン・ゴプニック『思いどおりになんて育たない：反ペアレンティングの科学』（森北出版）を読んだのをきっかけに、まず大人が自分の不安を顧みるべきだと考えるようになりました。

発達心理学の大家であるゴプニックは、夜泣きする子どもをすぐあやすべきかなどの個別の小さな選択が、子どもに中長期的に与える影響について心配すべき理由はないと言います。もしかするとその不安や心配は、子どもの問題ではなく、大人の側の不安耐性のなさの問題かもしれません。

2 若者とスマホ　この本を読んで若者の感性がわかりました

若年層の多くがスマホのヘビーユーザーであるためか、こういう感想は非常に多く、大学生からも「私の生活見てたんですか?ってくらい当てはまる」と数え切れないくらい言われました。なので、そういう読みもありだと思います。

ただし、常時接続の世界に浸かっている人なら誰にでも当てはまる話をしています。実際、「老後に豊かな孤独を持つには?」という趣旨の取材を受けたくらいなので、寂しさと孤独、趣味などのテーマは、年齢問わず問題になりうるはず。*172

実際、博報堂生活総合研究所は、世代によるセグメンテーション(分類・細分化)は機能しづらくなっていると指摘しています。*173 みんなが同じ意見を信じ始めたということではなく、意見のばらつき・分布の世代差が薄くなっているということですね。スマホ時代の感性を知るには、年齢よりも、居住地域や交友関係、家族構成、働き方などのほうが有効な指標なのかもしれません。*174

3 寂しさの歴史　「寂しさ」のことをもっと知りたい!

このタイプの質問には、歴史や文化のことを意識するよう促すことが多いです。感情にも歴史・文化的脈絡があるからです。

イギリス文化における「寂しさ」の歴史を研究した、フェイ・バウンド・アルバーティの『寂しさの伝記：ある感情史』では、近代に個人を重視する価値観が確立したため、"loneliness"を心の状態として用いるようになったとの主張が展開されています。[*175] ここでは、この主張に関連する「言葉」と「社会」の話を紹介しますね。

まず言葉の話。"loneliness"は1800年ごろからよく使われるようになった言葉で、18世紀末以前の英語文献にはほとんど登場しないそうです。産業革命は18世紀後半から始まったとされるので、この言葉が流行した時期は、工業化を達成した時期でもあります。

"loneliness"や"lonely"は、元々本書で言うところの「孤立」、つまり単に物理的に一人でいるという身体的経験を指す言葉でした。しかし、19世紀以降に使用例が激増する中で、次第に心や感情を指す言葉へと意味を変化させていったのです。[*176]

この変化の内実を少し詳しく追ってみましょう。

「工業化（および、それにともなう社会的イメージや比喩）」の深まりを背景としながら、人々のプライベートな心理への関心が育まれます。[*177] それを象徴する出来事が、18世紀半ばの「小説（novel）」の誕生です。新しい文学ジャンルである「小説」は、「文学的な感受性や共感性」をベースに「心理的リアリズム」で人々の内面や葛藤が描かれるものでした。[*178]

小説の誕生と同時期に、流動性の高い市民社会（都市）が生まれ、結びつきやそのあり方（作法や礼儀）の模索が始まっていました。これは、私と公がそれぞれ自律的な領域を形作り始めたことを意味します。小説をはじめとして窺い知りがたい内面、つまり「自己（心理）」への関心が生まれると同時に、目に見える交流や礼儀の世界、つまり「つながり（社交性）」への関心が相補的に強まっていくわけです。[*179]こうした私と公の分離が、一人でいることを感情として理解する文化を育んでいきました。

要するに、寂しさは近代的な感情です。以前から寂しさに相当する感情を経験する人はいても、社会にありふれた感情ではなかったし、それは別の表現・意図・背景で語られていたはずです。この本、むちゃくちゃ面白い上に、『スマホ時代の哲学』の図式とも整合するので、強くおすすめしておきます。[*180]

4 比較と嫉妬　どうしてもSNSを見て他人と比べてしまいます

他人との比較をゼロにすることはできないでしょう。競争心や嫉妬だけでなく、憧れ、自負や誇りなども、意識的・無意識的な比較から生まれているはずで、それを消去できるとも、消去すべきとも思いません。

しかし、人間を動かす意欲は複合的であって、その中で比較に基づく欲望が主要な部分を占めるかは別の問題です。だから、比較を超えた欲望をどう育てるかという発想に転換するのがいいと思います。『スマホ時代の哲学』の精神的続編とも言える『人生のレールを外れる衝動のみつけかた』（ちくまプリマー新書）では、比較を超えた欲望（＝衝動）のみつけかたを扱っているので、そちらをぜひ。

もう一つ。SNS研究には、他人と自分を見比べて自分の位置を確かめる「社会的比較」という概念がしばしば出てきます。「毎日が高校の同窓会」という論文では、かなり悲惨な調査結果が紹介されています。

SNSで頻繁かつ極端な上方比較（ステータスが自分より高い人を比較対象にする）をすると、自尊心・気分・生活満足度に累積ダメージを受け、すぐに自己評価が下がる上に、水平的な比較や下方比較をしても、そのダメージは緩和できない。[*181] そう聞くと、なんというか、SNSのフィードを更新しながら誰かと自分を比べることが、一種の自傷に思えてきます。

比較に基づく感情を紐解くには、政治学者・山本圭さんの『嫉妬論：民主社会に渦巻く情念を解剖する』（光文社新書）が参考になりますが、この本では、嫉妬への処方箋の一つとして「制作」が提案されています。本書で言う「趣味」に似ていますね。

比較を加速させるアテンションエコノミーに抗するという視点からは、ジェニー・オデルの『何もしない』（ハヤカワノンフィクション文庫）と、谷川嘉浩「プラットフォーム経済の生き方、読み方、抗し方」（『働き方と暮らし方の哲学』丸善出版所収）も勧めておきます。

5 自然の中で孤独になる　趣味以外で孤独になるおすすめの方法はありますか？

特別な方法は特にありませんが、自然に身を置くのも有効だと思います。さきほど紹介したジェニー・オデルは、バラ園で過ごしたりバードウォッチングをしたりする時間を何度も取り上げ、それがSNSやスマホの喧騒から距離をとり、自分なりのコンテクストを回復するトレーニングになっていると語っています。注意の主導権をプラットフォームから取り戻す練習は、自然の中だと実践しやすいのではないかと私も思います。

タブレットやスマホもそうですが、都市部には基本的に人工物ばかり。人工物は、「何かのためのもの」ですよね。でも、自然は何かのために存在するものではない。無目的なものに浸っているとき、評価や有用性のことを気にせずに済みます。海や空を見たりすると、ちょっと気が楽になるのはそういうことです。[182]

「釣りの聖書」とも呼ばれる『釣魚大全』にも似た指摘があります。「川辺に座ることは、思索（contemplation）をするのに最も静かで適した機会であるだけでなく、釣り人を思索に誘う」。[183]思索は孤独のうちに思考することを指します。

『釣魚大全』は、ピューリタン革命の頃に出た本です。著者のアイザック・ウォルトンは、王党派の一人として社会の底が抜けるほどの激動に高い関心を持ちながらも、自然の中で「趣味」に取り組み「孤独」になることを、あえて牧歌的に肯定しました。自然の中での孤独が、精神の自由を取り戻すいい練習になると彼は確信していたのでしょう。

6 常時接続という病　接続過剰は、なぜダメなんですか？

常時接続の世界から時には離脱をすべきだと主張している理由を聞かれたことが何度もありました。マルチタスキングがもたらす注意の分散など、この問いには複数の回答がありうるのですが、「SNSでの評価やフォロワーの承認に最適化した自分になるのを避けるため」というのも大きな理由の一つです。

政治学者のクリス・ベイルは、「社会的場面で提示した自己の様々なバージョン」に対して、他者がどんな反応を示すかを踏まえて自己を形作っていくのだと論じています。[*184] たぶん、私が急に「ラップバトルで天下を獲る」と真顔で言い出せば、私の周囲の人は苦笑いしつつ「へ、へぇ」と反応をするはず。こんな風に、言語的・非言語的に表現された反応を読み取って他者が自分をどう評価しているかを、私は意識的・無意識的に察知し、それをもとに自分のあり方を調整しています。

今では、このプロセスにSNSが入り込みます。SNSでの自己演出が対面のそれと違うのは、①実生活の交流と違って、セルフイメージの入念なコントロールがしやすく、②より広範により速い社会的比較ができ、③「いいね」や「シェア」の数をチェックすることで、一目で他者からの評価を把握できるところです。

これら三つの特徴ゆえに、SNSは他者評価やつながりの形成を好む人間の性質を肥大化させます。[*185] 意識的にSNSの比較の渦から距離をとり、孤独・孤立を確保しなければ、フォロワーやタイムラインに最適化した自己を育てることになりかねません。

より悪いことに、とりわけSNSでは「他人が自分をどう思っているかという評価を大きく読み誤ることが多い」[*186] ように思われます。必死に「他人の評価する私」に最適化しようと苦しんでいるとしても、そもそもその「評価」が勝手な想像や誤読かもしれないわけです。

要するに、常時接続に浸りきるのが危ういのは、SNSを用いて私たちがやっているのが、誤読の可能性が高い「タイムラインの評価」に最適化することだからです。虚像へと暴走的にひた走るのを避けるためにも、たまには常時接続の世界から離脱し、孤独を持つ練習をしてみてはどうでしょうか。

7 趣味と孤独 ○○って趣味に入りますか?

特定のジャンルの活動でさえあれば、「趣味だ!」と言えるわけではありません。大事なのは、趣味を介して孤独を確保すること。だから、活動の具体的な内容やプロセスを注意深く見なければ、趣味であるともないとも言えません。

でも、あまり孤独を狙い撃ちし、それを目標として意識しすぎると、孤独が自己陶酔的で自己完結的になりかねません。そこで孤独を直接の目標とするのではなく、別のことに取り組んでいるうちに間接的に孤独が得られるという運びで思考を進めたかったのです。孤独が、あくまでも副産物になるように。そこで提案したのが、何かを作る、何かを育てるという「趣味」。創造的な活動には、かなりの頻度で孤独が伴うため、副産物として孤独を捉えることもできます。

なので、「○○って趣味ですか」と問うこと自体にあまり意味はありません。大事なのは、孤独という副産物のほうです。「キャンプやスポーツはどうですか」「あ、散歩とか将棋も趣味っぽいですかね」とジャンルにこだわるのではなく、これかなと思う活動の中で、自分が実際にやっていることを具体的に検討するのがいいと思います。

公園の端っこでアリをじっと見つめて何時間もすごす子どものような、静かな衝動こそが「趣味」にとって大切だと思います。趣味に駆り立てる原動力については、『人生のレールを外れる衝動のみつけかた』で論じているので、そちらへどうぞ。

8 内省と自分の捉え方　自分と向き合って内省する、やっぱり大事ですよね

内省（reflection）は確かに大切です。でも、「内」のニュアンスに引っ張られて、自己完結的な方向に転ばないよう気をつけてください。第1章のオルテガの議論や、第5章の自己啓発批判を思い出すといいでしょう。

そもそも孤独は自己完結性に傾きうるものだと、アーレントも述べています。

――孤独が寂しさになることもある。そうなるのは、私が完全に自分だけを頼りにするようになって、その結果自分の自己から打ち捨てられているときである。[*187]

自分に強くスポットライトを当てるとき、世界の残りの部分は暗闇に消えるようなイメージでしょうか。強い光を当てれば自分がよく見えそうなものですが、強すぎるとかえってうまく見えず、自分自身がよそよそしく感じられる。他者をノイズとして退け、過剰な自負心を抱くことは、かえって自分を見えなくさせるのです。

ではどうすればいいかというと、自分と世界が相互浸透しているというイメージを持ち、自分の考えや言葉がどこから来ているかを普段から意識することです。私はそれを次のように説明したことがあります。

――しかし、自分自身しか支えるものがない人は、かえって簡単に転びます。というのも、実際には、世界（他者や環境）から何の影響も受けないでいることは不可能だからです。人は自分の外側からこれまで影響を受けてきたし、今も受けているし、これからも受け続ける。殻に閉じこもるイメージは、この現実をあえて無視して抑圧することで、自分に色々な無理を強いてしまうのです。〔…〕自分の内側だけを見つめて、自己を壁で囲んでいると思い込んでいる人は、他人の目的の侵入に気づかなかったり〔…〕してしまうかもしれません。*188

『スマホ時代の哲学』の言葉で言い換えるなら、いろいろな場所から持ち寄り、持ち込まれた植物でできあがった庭として自分を理解すること。その上で、孤独のうちに内省することが精神の自由につながるというのが、本書の考え方です。

9 孤独と同調 学びと孤独の関係をどう考えればいい？

外から何かを取り入れる学びと、自分と過ごす一見内向きの孤独。いずれも大事なのはわかるが、どう関係づけるべきかわからないと質問されたことがあります。孤独は、学びのプロセスの随所で登場するのですが、順を追って説明しましょう。

思考（自己対話）は、複数の自分との対話、言い換えると、異質なものを隣り合わせて〈摩擦〉を生じさせることです。同じことを、本書では疑い・迷い・動揺・対話・警戒・複数性・多声性などとも表現してきました。〈摩擦〉によって認識や思考の道筋を変えさせられたとき、新しい視点や行動は生まれるものです。

しかし、私たちは誰しも〈摩擦〉の少ない状態に流れがちで、様々なサービスも〈摩擦〉を減らすよう改善を重ねる傾向にあります[*189]。そのため、実生活の刺激やコミュニケーションは、いつも通りで、明快で、波立たず、処理しやすく、一線を踏み込まない形、つまり〈同調〉を中心にしがちです。

引っかかりなく考えが流れる滑らかな状態では、考えの精査や、別の可能性への創造が生まれません。かといって、自分一人でいきなり〈摩擦〉を起こせるかというと、現代人は〈同調〉が常態なので難しい。だから、学びの準備として〈同調〉を離れ、孤独の練習をする必要があるはずです。

その上で、学びを通して〈摩擦〉を起こす外部を自分に住まわせること、自分の中の多元性を尊重することを提案しています（第2章、第5章）。何かを学ぶ最中は、邪魔されることなく集中しなければならないので、このときにも孤独は不可欠です。

見逃されがちなのが、学んだ後に必要な孤独です。「これまでの考え方と違う」「納得できない！」「わからない」「難しい」と感じるとき、実のところ、自己には摩擦（あるいは消化不良）が起きています。この動揺（あるいは消化不良）を抱えておくのを負担に感じる人もいるかもしれませんが、孤独の時間は、それを反芻処理して許容可能なレベルに馴染ませる働きもあります（第3章、第6章）。

学習の前・最中・後に、孤独が必要とされるタイミングがあるわけです。法人営業アドバイザーの向井俊介さんは、私の考えをこうまとめてくれました。

「同調」しかない状態から離れてみるというのがファーストステップ。その次に孤独・孤立の時間をつくり、外部の知に触れ摩擦を起こす。ここまではできたとしても、摩擦が起きたときに、それをすぐ乗り越えてしまおうと考える人がビジネスパーソンには多い気がする。いったん持ち帰り、孤独の中でなじませる時間を持たないというか。*190

自分の中に複数の考えがあり、揺らいでいることを乗り越えるべきものと見るのではなく、目指すべきものと見ること。特定の世界観、考えのパッケージ、党派性に絡めとられず、割り切れない部分を心に留める姿勢――ネガティヴ・ケイパビリティ――は、そういう自己に育ちます。*191

あとがき――増補改訂版によせて

『ディアローグ』（河出文庫）という本を読んでいて、挑発的な言葉に目が留まりました。

> 哲学の必要など微塵もない。哲学は、各々の活動がその脱領土化の線を押し出していくところに必然的に生み出されるのだ。哲学を外から生み出すことができるように、哲学から抜け出すこと、何でもすること、哲学者はつねに別のものであった。彼らは別のものから誕生したのである[*192]。

著者はドゥルーズとパルネという二人の哲学者です。それにしても、「哲学の必要など微塵もない」とは強い言葉ですね。でもこれはレトリックで、業界内で哲学だとみなされているものを繰り返すことへの挑発、言い換えると、「これって哲学だよね」「だよねー」と決まった範囲で哲学の輪郭をぐるぐるなぞり書きすることへの牽制です。

大事なのは、「哲学を外から生み出す」「哲学から抜け出す」「何でもする」「哲学者はつねに別のもの」という表現。哲学内部への安住にこだわることは、あまり哲学的とは言えない。むしろ、一見哲学っぽくない言葉や感覚、素通りされがちな平凡な景色の中に重要なヒントを探して、それを最初から哲学の一部であったかのように平然と取り扱うこと。『スマホ時代の哲学』も、「哲学を外から生み出す」実践として書かれました。同じ趣旨のことが、こんな風にも表現されています。

人は自分に近いものや自分によく似たものは知っているが、別の惑星に属しているかもしれない自らの隣のもの、つねに別の惑星に属している自らの隣のものを知らない。隣のものだけが重要である。*193

自分に似たもの、同質的なものについて考えても仕方がない。自分のすぐ近くにあって、「別の惑星」に属していると思えるくらい異質な系譜を持つ隣人に目を向け、それと言葉を交わすことこそが大切です。

そういうわけで、哲学の文章を書くとき、「別の惑星」に属するものを文章の中に引用として紛れ込ませます。心理学者の指摘、ブルース・リーのセリフ、小説や映画、エヴァの言葉など、私の「隣のもの」に属するものも、哲学の引用と同じように扱っています。

いかにも深刻で「哲学っぽそうなもの」だけを継ぎ合わせることが哲学だと考えている人にとって、本書は軽薄でジャンクに感じられたでしょう。でも、私はそういう文章を書きたかった。読みにくいと感じる人もいるでしょうが、刊行後の声を聴く限り、大方の読者には「親しみやすい」「理解しやすい」と好評でした。

さきほど「引用（citation）」という言葉を使いました。引用や参照は、外から何かを持ち込む行為です。その外挿には、変化を起こすことへの期待が含まれています。

> 本来のコンテクストから視点や話題を記号として切り離し、現在のコンテクストに差し込むことを何であれ「引用」と呼ぶとすれば、引用には流れを少しだけ波立たせ、バグらせる働きがある。つまり、引用は、今ここにあるコンテクストを超えたものを持ち込むことで、会話のリズムを複雑な変拍子にしてしまう。そうしたバグのおかげで、同じ会話のリズムで踊り続けることなく、いつでも違ったリズムで会話のダンスをすることができるのだ。[*194]

多方面の引用の変拍子をうまく踊れたのかどうか、判断は読者に委ねます。

少なくとも、かなり多くの反響をもらいました。この本をきっかけに、数えるのを諦めるほど、取材、対談、講演、ヒアリングなどがありました。[*195] それと、韓国語と中国語（繁体字）への翻訳。ファッション誌、新聞、論壇雑誌などでの連載も続々と開始。中学、高校、大学の入試問題にも多数使われました。特に中学入試は、小学生でも十分読めるというお墨つきのようでうれしかったです。

どれもありがたかったですが、一番うれしいのはやっぱり読者の声です。私以上に本書を楽しんでいる読者に出会ったり、書評やPodcast、選書企画などで自分が書いたくらいの熱量で推してくれる人がいたり、たくさんの読書会が企画されたり。どの声にも、「この本の情報が自分の経験に変わるまで読み込んだ」という実感が宿っていました。

新しい読者も、もう一度読もうという方も、ぜひまた感想を聞かせてください。

むちゃくちゃ心強い推薦文を書いてくれた魚豊さん、三宅香帆さん、忙しい中で解説を引き受けてくれたドミニク・チェンさん、ありがとうございました。

今回も最高のイラストを描いてくれた森優さん、細かな配慮がいつも助かる編集の橋本莉奈さんをはじめとする、単行本に引き続きお世話になっている方々、そしてデザイナーの上坊菜々子さんにも感謝を。作業で疲れた私を何度も笑顔にしてくれた保護猫たち——しおん（プリンセス意識が強い）と、あーちゃん（子熊に似ている）——には、感謝の代わりに、おいしいものをプレゼントしておきます。

本編について、内容レベルの変更はほぼありません。しかし、可読性を上げ、誤読可能性を下げ、説明を補強し、事例はよりわかりやすく、サービスや商品を現在身近な事例にするなどの変更や調整は、随所に施しています。

本書を気に入った方は、趣味や自己の話が気になるなら『人生のレールを外れる衝動のみつけかた』を、ネガティヴ・ケイパビリティや社会との接点が気になるなら『ネガティヴ・ケイパビリティで生きる』をぜひ読んでください。議論がもっと立体的に見えてくるはずです。

より多くの人に、哲学の、そして孤独と趣味を持つことの楽しさが伝わりますように！

二〇二五年三月十七日　小さく雨音が聴こえる夜に京都で

谷川　嘉浩

＊161 ニーチェ『ツァラトゥストラ 上巻』90頁

＊162 言葉として強いので本編では紹介しませんでしたが、SNS以降の精神分析を掲げるような『ナルシシズムとその不満』（岩崎学術出版社）という本が出ています。クリストファー・ラッシュという書き手が1979年に『ナルシシズムの時代（*The Culture of Narcissism*）』という本を出したことをはじめとして、大衆社会とナルシシズムという論点は、その時々のメディア環境や時代状況に合わせて変奏され続けています。

＊163 ハンナ・アーレント『全体主義の起原3：全体主義 新版』350頁

＊164 趣味が楽しいものだからといって、しんどさや面倒くささを一切含まないということもありません。例えば、スイカを育てるときには水やりや雑草取りだってあるでしょうし、ピアノで滑らかな指の運びを実現するためには地味な反復練習が必要です。地道な作業や学習なしに、趣味が成り立つこともないということですね。

＊165 「謎」は『鶴見俊輔の言葉と倫理』という拙著のキーワードで、そこから借りています。

＊166 自分を複数の存在から成るものとして捉え、その複数性を意識的に確保し、育てていこうというアプローチを、哲学者の鶴見俊輔は「自己の多元主義」「自己の内なる外部の育ち」などの表現で論じています。この点については、拙著『鶴見俊輔の言葉と倫理』第2章、第3章、第4章を参照してください。また、平野啓一郎さんの分人主義との違いについては、本書の第4章173頁、注88を見てください。

＊167 ハンナ・アーレント『全体主義の起原3：全体主義 新版』351頁

＊168 同前、351頁

＊169 アマンダ・ゴーマン（鴻巣友季子訳）『わたしたちの登る丘』文春文庫、2022、viii－xi頁

＊170 シェリー・タークル『一緒にいてもスマホ』65頁 一部表記を修正しました。

*171 黒井千次「随想：知り過ぎた人」64頁

*172 『ひとりの老後』が楽しみになる思考レッスン：本当の幸せは『孤独を大切にする人』に訪れる」『PRESIDENT』2025年2月14日号

*173 博報堂生活総合研究所『消齢化社会：年齢による違いが消えていく！生き方、社会、ビジネスの未来予測』（集英社インターナショナル）：「「消齢化社会」ってなんだ!?―年齢に関係なく価値観でつながる時代を生きる：博報堂生活総合研究所×谷川嘉浩氏トークイベントレポート」The Central Dot Magazine https://www.hakuhodo.co.jp/magazine/106994/ 代わりに、学歴や年収、地方在住／都市部在住などの要素のほうが括りとしては際立ってくるでしょう。

*174 下記で世代論についての取材を受けました。「年齢差が消える日本 希望か危機かこれからの『世代論』が問う未来」朝日新聞（2024年1月9日）https://www.asahi.com/articles/ASS144T4NRDWULLI002.html

*175 フェイ・バウンド・アルバーティ（神崎朗子訳）『私たちはいつから「孤独」になったのか』みすず書房、2023、17頁 本文では原題（*A Biography of Loneliness: The History of an Emotion*）を直訳したタイトルで表記しています。

*176 同前、20－23頁

*177 同前、38頁

*178 同前、34頁

*179 同前、34－38頁

*180 感情史ではないですが、より現代に近い時期を扱った本も多数あります。本編で挙げた本のほかには、デイヴィッド・リースマン『孤独な群衆』（みすず書房）、ノリーナ・ハーツ『THE LONELY CENTURY なぜ私たちは「孤独」な

のか』（ダイヤモンド社）、ヴィヴェック・マーシー『孤独の本質 つながりの力』（英治出版）など。孤独という言葉は、いずれも本書で言う「寂しさ」を指しています。

*181 自尊心の低い人は、より頻繁かつ極端な上方比較を行う傾向が特に強く、すでに低い自己評価がさらにダメージをくらう結果になったとのこと。Midgley, C., Thai, S., Lockwood, P. Kovacheff, C. and Page-Gould, E., "When Every Day is a High School Reunion: Social Media Comparisons and Self-Esteem," *Journal of Personality and Social Psychology*, 121(2), 2021, pp.285-307 https://psycnet.apa.org/doi/10.1037/pspi0000336

*182 「哲学者 谷川嘉浩さん（後編）―KUMON now！学習経験者インタビュー」https://www.kumon.ne.jp/kumonnow/obog/108_2/

*183 Walton, I., *The Compleat Angler*, John Lane, 1897, p.42

*184 クリス・ベイル（松井信彦訳）『ソーシャルメディア・プリズム』、みすず書房、２０２２、54頁

*185 ベイルは、「ああいうコメントには反応せざるを得ません。だっておかしいじゃないですか。議論が大事だからじゃありません」と述べるＳＮＳアカウントに言及しながら、議論やコミュニケーションの仲間より、つながりを作ること自体を重視する社会性（つながりの社会性）がＳＮＳでは力を持つと示唆しています。ＳＮＳでのやりとりは、見かけ上「議論」や「対話」でも、実質はそうではないということです。社会問題や政治をめぐる論争であっても、実質的には味方と敵とのパッケージ化された違いを記号的に確認するだけの指先の運動、いわばソシャゲの周回にも似たものになっていると私も思います。『ソーシャルメディア・プリズム』70頁

*186 クリス・ベイル『ソーシャルメディア・プリズム』54－55頁

*187 アーレント『全体主義の起原3』350頁

*188 谷川嘉浩『人生のレールを外れる衝動のみつけかた』ちくまプリマー新書、2024、196頁

*189 東浩紀『動物化するポストモダン』講談社現代新書、2001、第三章

*190 「〝同調のコミュニケーション〟から抜け出す勇気【哲学者・谷川嘉浩さんに聞く#2】」Sales Zine https://saleszine.jp/article/detail/6585

*191 谷川嘉浩『鶴見俊輔の言葉と倫理：想像力、大衆文化、プラグマティズム』人文書院、2022、33頁

*192 ジル・ドゥルーズ&クレール・パルネ（江川隆男・増田靖彦訳）『ディアローグ：ドゥルーズの思想』河出文庫、2011、126頁

*193 同前、188頁

*194 谷川嘉浩「この偶然性に一緒に身をゆだねること——記憶と引用について」Distance.media https://distance.media/article/20240807000273/

*195 特に印象深いものの一つに、文藝春秋とジュンク堂書店などとタッグを組み、純文学との新しい出会いを提案した「本音屋」という取り組みと、それに関連するインタビューがある。「スマホが手放せぬ常時接続時代に抗して哲学者・谷川嘉浩が提唱する「純文学のすすめ」前編」https://bunshun.jp/articles/-/68831

『スマホ時代の哲学』の発酵

解説：ドミニク・チェン（発酵メディア研究者）

わたしは普段、現代的なテクノロジーが人間の世界の見方にどう作用するのかということを考えながら研究や表現の活動をしているものです。広くは「デザイン」という括りのなかで変なシステムを開発したり論文を書いたりしているので、谷川さんと同じ様に、新しいものづくりやことづくりをする学生たちに伴走しています。

大学の教員／研究者になる前には、仲間とともに会社を立ち上げ、ガラケーやPC、その後はスマホ用のアプリの開発をしていました。そのうち、自分たちで作った様々なコミュニケーションサービスの運営を通して、果たしてこんなに人々の生活に影響を与えるものをお金儲けのためだけに設計していいのだろうかという問いが生じ、そこから大学院の時以来、遠ざかっていた研究の世界に戻ってきました。だから『スマホ時代の哲学』と題して書かれた本書は、そんな自分の関心にも直撃するものですし、共感する点ばかりでした。また、わたしが日々学生たちと議論する内容に対しても、とても重要な示唆に溢れています。

谷川さんとは一度、「記憶のケア」に関するトークイベントでご一緒したご縁から本書の増補改訂版の解説をお願いされました。ただ、わたし自身も本書を通して谷川さんがご自身の関心を育みながら渉猟《しょうりょう》してきた色々な哲学者たちの様々な議論を学んだので、そんな大層なことは到底できません。その代わり、わたしが本書を通してどのような自己対話を経たのかという読書体験、そしてわたしなりの『スマホ時代の哲学』の実践方法についても、読者の皆さんに伝えられたらと思いました。たぶん、この文章は本文を読み終わった後に、その内容を消化するタイミングで読まれるものだと思うからです。ひとつの優れた本は、読者の来歴や関心に応じて異なる意味が代謝されるように開かれているものです（谷川さんが本書で繰り返し批判している自己啓発本は逆にそのような多様な解釈を阻むでしょう）。そこで、おそらくは谷川さんがご自身の学生さんたちに向けて話しかけるように書かれた本書の文体に倣って、わたしもいつも教室で会っている若い人たちの顔を思い浮かべながら、自分なりの本書への応答を書いてみます。

あえて一言でいえば、本書は「モヤモヤ」や「孤独」といった、自己啓発本ではなるべく解消するべき対象として扱われがちな事象を、むしろ人生を自治するための資源として注目しなおしてみよう、という呼びかけです。重要なのは、谷川さんがそれを「そうするべき」という啓蒙的なメッセージではなく、「冒険をしよう」という誘いとして書いているという点です。

「選択が読者に委ねられている」という点はことのほか大事だと思います。なぜなら、スマホという物理的な道具と、その中にインストールされているアプリという情報レイヤーの道具の多くは、なるべく人々がそれ無しでは生きられないように開発企業が設計しているからです（以下ではデバイスとしてのスマホと、その中に入っているアプリをまとめて「スマホ」と呼びます）。この点は資本主義経済を生きるわたしたちにとっては極当たり前、というか当たり前過ぎて、誰も気にしなくなっているかもしれません。しかし、わたし自身は一人のソフトウェア開発者として、そんな道具の作り方に加担したくないという気持ち、もっと言えば違和感が強いのです。

別の言い方をしてみましょう。スマホとその中にあるアプリは、できるだけ中毒性を高められるように作られています。少しだけ具体的にその内実を見てみましょう。ＩＴ業界ではスティッキネス（粘着性）とかリテンション（サービス解約を防ぐこと）という言葉が開発やマーケティングの現場で日々使われています。それらの指標を計測し、数値を高める施策を取ることによって、サービスに触れるわたしたちが何も考えずともハマってしまうように「改善」が続けられます。この「何も考えずとも」というところが重要なのですが、つまり、なるべく利用者の認知的な摩擦が起こらないような情報提示の設計が日々、わたしたちのスマホのスクリーン上で試されていて、結果として無意識のうちにタイムラインを更新するために画面を上下にスワイプし続けたり、おすすめ動画が自動再生されるままに視聴を続けたり、扇情的な内容の広告や投稿をタップしてしまったりする。実際、2000年代の初期から、IT業界ではフリクションレスな（摩擦のない）利用体験を目指すことが奨励されてきました。そのために人間の行動心理や数学の博士号を持つような人材がたくさん雇われ、無意識のうちに利用者が熱中してしまう仕組みが企業の現場で20年以上もかけて洗練されていったのです。結果として、わたしたちの意識（もしくは無意識）はアルゴリズム（アプリの挙動を決定するコードの論理）によって恒常的に粘着され続けるようになりました。

問題なのは、だからといって全ての企業とその製品が邪悪であるという結論にはならないということです。本書の中で谷川さんが繰り返し強調するように、デジタル技術の使用を止めようというメッセージは魅惑的ですが、それは単純に過ぎるのです。なぜなら、わたしたち自身が使っているときに「これは自分にとって有害だな」と思うようなアプリの数々は、同時にわたしたちの生活を支えたり、心の拠り所となることもあるからです。たとえばわたしは、子どもの頃にインターネットに触れられたおかげで、物理的には会うことのできない、尊敬する人たちとつながることができ、また自身の表現活動（起業経験も含めて）を大きく拡げることもできました。しかし、今では家族と食事をしたり一緒に時間を過ごす際に思わずそれぞれが自身のスマホを見入ったりしてしまうとき（まさに本書で紹介されているシェリー・タークルの『一緒にいてもスマホ』という書籍のテーマですね）や、自分自身が気づいたら何時間もSNSのどうでもいいけど面白い投稿を閲覧してしまっているとき（これも本書で議論されているFOMOも関係しているし、さらにいわゆるDoom Scrolling、いわば「無限スクロール地獄」の仕組みも関係しています）などに、心底嫌気が指すときが多々あります。

わたしは2015年頃から大学で教え始めたときに、自分がスマホ的な情報の体験にモヤモヤするのはもしかしたら世代的な違いに起因するのではないか、つまり若者と比べて自分の感性が古いからなのかもしれないという疑いを抱き、学生たちとスマホ利用について語り合うことをはじめました。すると、10代や20代の人たちもSNSやゲームなどの中毒性に（程度の差はもちろんありますが）違和感を覚えていることがわかりました。以来、定点観測的に毎年学生たちに聞いていますが、自分では望んでいないようなSNS利用の仕方をしてしまっていることに悩む声、または別様のSNSの在り方（いいねやフォロワーの数を表示しないというアイデアが多いです）を望む声がいつも一定数聞こえてきます。

本書にも登場するスティーヴ・ジョブズは1980年代以降、コンピュータとは人の意識にとっての自転車だ、というメタファーを度々語っていたようです。生身では到達できないような目標でも、コンピュータを使えば達成できる、ということですね。素敵な表現だと思えるし、また実際、そのような効果があるという実感もあります。ただし、それはデスクトップやノート型のコンピュータには当てはまるけれども、スマホの場合では異なるのではないかとも思えます。

机や膝に置いて、面と向かって向き合って使うパソコンは、使用を終えれば畳んだりカバンにしまったりします。ここには使い始めと使い終わりの時間という区分がある程度はっきりとあります。文章を書く、とか、調べ物をする、など、目的があるから使うのがパソコンです。そこには確かに自転車に乗って目的地に着く、というイメージが親和するように思えます。冒険の道具、という感じがするわけですね。

しかし、肌身離さず持ち歩いているスマホは、常にちょっとずつ触り続けるものです。

しかも新しい情報の通知が頻繁にやってきます。一日の間で、いつスマホを使い始めて、いつ使い終えたかなんてことは考えないですよね。すると、目的がないままにあっちにいったりこっちにいったりするイメージが近いのではないでしょうか。自転車に乗って散策する、といえば聞こえはいいですが、スピードを出す必要のない距離でさえも高速に移動しているというのが実状でしょうか。なんだか忙しない感じです。

さらにいうと、ある目的を持ってスマホを手にしたはずなのに、数分後には当初の目的を忘れて別のことをしている、なんてことはありませんか？　わたしはしょっちゅうあります。さらに、最近のパソコンにはスマホの通知も届くので、パソコンでも同じことが起こる。こういうとき、「やられてるなぁ」という、怒りとも悲しさともいえない、ある種の虚脱感に襲われます。そして、スマホは全然自転車ではないなぁとも思うのです。むしろ、客が迷い込んだら簡単に抜け出られないように設計されたショッピングモールやデパートのように、迷宮的な空間という感じがします。怪物ミノタウロスの迷宮から脱出するために王子テセウスが使ったアリアドネの糸のようなものがあればいいと思うのですが、少なくともスマホは迷宮にどっぷり浸からせるように発展してしまっています。どこにいても、スマホを通してわたしたちの意識がモールやデパートに入り浸っているのだとしたら、それは冒険とは程遠い体験ではないでしょうか。

迷宮の問題は、谷川さんが哲学者オルテガを引きながら論じている「堂々巡りしている」という点に尽きます。スマホの迷宮的時間の中をさまよっていて、ふとしたきっかけで現実に戻った後に、自分が何をしていたのか人に説明できないですよね。同じことはパソコンのネットサーフィンでも起こりますが、スマホでSNSを見ているときが一番「さまよい感」が激しい。そして、厄介なのが、SNSという迷宮は、わたしがどの投稿を何秒間見ていて、いいねしたりコメントの続きをタップしたのかという行動に即応するように、次の瞬間に表示する情報を調整してきます。歩いていると壁が自動的に組み替えられていくダンジョンの様ですね。そうして、ほぼ何も考えずとも、反射的に「面白そう」と思う方向をタップするように指が誘導されていく。「別にそれでも面白いと思える時間が過ごせるのなら、いいのでは？」という声も自分のなかにあるのですが、その体験の先にあるのは「自分が何をしたいのかわからなくなってくる」という無力な感覚です。なぜかというと、その時々に提示された「面白い」情報のほとんどは、自分が選んでいるわけではなく、アルゴリズムが「反応する確率が高い」という統計値に基づいて差し出しているものに過ぎないからです。自分では冒険をしているつもりが、アルゴリズムというお釈迦様の掌の上をグルグル回っているだけ、というイメージが浮かびます。

わたしもコードを書くので、このあたりのアルゴリズムの仕組みや昨今の生成ＡＩとの関連性については延々と語りたくなってしまうのですが、最後に、谷川さんが本書を通して書いている、「モヤモヤ」や「孤独」をいかに冒険の資源として活用するかという問いに対して、わたしが大学で学生たちと実践していることについて話しておこうと思います。

わたしは大学教員として毎年、学部生の卒論を10本から20本ほど指導していますが、そこで扱う問いはできるだけ当事者として関心の深いものを選ぶようにお願いしています。どうしてかというと、「社会的に重要な課題をもとにデザインを考える」ということを10年ほど前に一度だけやってみた時に、発表をしている人と問いの間にすごく距離があるように感じたのです。端的に言えば、誰でも思い付けそうなアイデアばかりだった。そこで、その反対に、「極私的な問題に対するデザインを考える」という課題に変えた途端、熱が入るのを感じられました。今でも印象に残っているのは、「長い廊下の向こう側から知り合いがやってくるとき、挨拶をする適切な距離とタイミングがわからないのがつらい」という学生が、その適切な距離を教えてくれるアプリのアイデアを考案したことです。字面で見ると他愛のない、というか、どうでもいいことのように思われてしまうかもしれません。実際の発表では、本人の当事者としての悩みの切実さが伝わってくる、とても力強いものでした。しかも、発表を終えたあとに、「この悩みを課題の対象にして人と話したり、一人で発表を練っている間に悩みが薄れてきました」と話してくれました。ここで起こったことは、自分のモヤモヤを認識し、孤独な時間のなかで向き合って処方を考え、他者に発表することで、別の意識の在り方にたどり着いたということです。大事なのは、孤独から出発するけれども、最終的には他者に伝えることで決して孤立はしないというプロセスです。*196

とはいえ、一貫した問いを持ち続けている人のほうが少なく、自分がそもそもどういう問いに興味があるのか自身でも気づいていない状態からスタートする人のほうが多いのです。そこで、あの手この手で「自分の問いを育てる」方法をゼミで試行錯誤してきました。たとえば、自分が偏愛してやまないものたちの名前で紙を埋め尽くしたり、逆に苦手なことを書き出したり、最近「素晴らしい」と思えたものについて毎週発表してもらったりしています。最初は個人的なことを教室で話すことに恥じらいや戸惑いを抱く人もいますが、毎週のように反復していると徐々にこの場では開示しても大丈夫だという感覚が広がるようです。

また、ここ最近は様々なモヤモヤや、そこから発展した自分にとって切実な問いを決めて、そのことについての日記を書き続けて教室で語り合うという実践を試みています。わたしはこれまで日記は一週間以上続けられなかったのですが、学生と一緒にやるといった手前、再開してみたら、今は1年ほど継続しています。やってみてわかったのですが、日記やノートを書くということは孤独なときでないとできません。毎日、30分ほど孤独な時間を持つことは、義務ではなく喜びに変わっていくように感じました。具体的には、事実の列記ではなく、感情や思考の動きを記し、なぜそのように感じ、思ったのかというツッコミを自分に対してしていきます。自分自身を反射板にして壁打ちし続けていくと、心も落ち着いて来るんですね。それは忙しい生活のなかでこぼれ落ちていく自分の記憶を世話するような感覚を生むと同時に、意識的に気づいていなかった感情の動きを振り返ることを通して、自分がモヤモヤしている事柄に対する感覚を育てていることにもつながります。これはまさに本書でも論じられている「反復練習」ですね。

ゼミでは、日常に潜むモヤモヤという種子から問いを発酵させ、その問いを苗床にして作品制作や卒論を練り上げています。この時にわたしたちが参照しているのは、オートエスノグラフィといって、自分自身の感情や情動を観察対象にする、つまり自分をある種の

「謎の文化」として捉えて、問いに対する理解を深めていく手法です。従来の人類学が社会的に遠い他者の文化を観察するものであるのに対して、自分自身を他者化して捉えるとも言えます。

オートエスノグラフィの学術論文は、客観的記述を重視する従来のアカデミックな方法と異なり、「私」という主語を使って書かれているため、エッセイや文学作品のように読めます。しかし、そこには書き手自身が当事者である切実な悩みが問いとして貫かれているのです。たとえば、人種差別の対象となった経験、うつ病からの回復の過程といったものから、ゲーム作品のプレイを通した自己変容、多人種が暮らす街で育った経験など、実に多様なテーマについて優れた論文が数多く書かれています。[*197] オートエスノグラフィはだから、本書で谷川さんが引いているアーレントの「two-in-one」、「一人で二人」の状態を日常化する方法とも言えるかと思います。日記やノートに問いにまつわる経験について書いていく動きの中からモヤモヤや悩みそのものがもう一人の謎の自分として立ち上がり、それを周囲の仲間たちとの語り合いや作品制作、論文執筆を通して育てていくのです。

この流れの中で、普段とは異なる物事の感じ方を試してみるということも重要になります。なぜなら、わたしたちは普段、モヤモヤを抱えていることを「仕方がない」とか「わざわざ考える必要がない」というように、封印しがちだからです。デザインと哲学が共通するのは、こういう「当たり前」に対して、「いや、ちょっと待てよ」と疑義をぶつけることから始まる、という点です。哲学においては、本や論文という、自分とは異なる他者の世界認識に触れ、その中を旅するメディアを通して、自分の「当たり前」の範囲の外にあった言葉や表現と出会います。そうして、自分なりの言語を育てていく。デザインにおいても言語化は同様に大事ですが、さらに非言語的な感覚と出会うことも大切です（いや、哲学においてもそうでしょう）。そのためにわたしのゼミでは本や論文を読み、語り合うことの他にも、みんなで公園に行って1時間、10通りの観察方法を試してノートを取るとか、メンバーそれぞれの趣味（本当にバラバラです）の経験のどこに驚きや喜びがあるのかという発表をしたり、制作した作品を展示する際に来場者と長い時間語り合い、自分とは異なる解釈をたくさん知るということを試みています。

毎年、多種多様というかテーマがバラバラな問いに基づいた卒論が書き上げられていくのですが、年々冒険感が増してきて面白いなぁと思わされます。各自のモヤモヤには、その人の膨大な来歴が滲み出ていて、誰にも真似されようがないものです。そして、孤独に書かれた日記やノートを通して観察された日常の数々は、モヤモヤという怪物を倒そうとしたり、でも途中で共生を試みようとしたり、または別の道筋が発見されたりする物語へとつながったりしていきます。いずれの冒険譚も面白く、読んでいて発見があるのですが、共通して思うのは、モヤモヤを解決したり制御しようとすることではなく、各自がモヤモヤとの距離を微調整し続ける動きと時間にこそ固有の冒険性が宿るのだということです。卒論を読み終えるといつも、自分の知らない世界がこれほど豊かに存在しているのだという実感を、まるで旅を終えた後のように抱かされます。

そして、なかなか孤独にさせてくれず、モヤモヤを深めさせてもくれないスマホという道具も、このような冒険のために活用できるのだと思います。ただし、それはRPGでいうところの「呪われた防具」のような副作用があることを忘れずに。もしくは呪われない道具をデザインする、というやり方もあるでしょう。あなたが本書を読んだ後に、どのような、そしてどのように冒険に出かけていくのか、わたし自身も一人の読者として、とてもワクワクしています。

＊196　この個人的な悩みから着想するテクノロジーデザインの実践については、拙著『電脳のレリギオ』（NTT出版、2015）に図解付きで詳述しています。

＊197　わたしも最近「親友との死別とその弔い」というテーマで、オートエスノグラフィックな論考を初めて書いてみました。中島岳志編『RITA MAGAZINE2　死者とテクノロジー』（ミシマ社、2025）所収、ドミニク・チェン「『死者が生きていく』ためのテクノロジーはいかにして可能か」

ディスカヴァー携書
261

増補改訂版　スマホ時代の哲学
「常時接続の世界」で失われた孤独をめぐる冒険

発行日　2025年4月18日　第1刷
　　　　2025年6月12日　第4刷

Author　谷川嘉浩

Illustrator　森　優
Book Designer　上坊菜々子
Publication　株式会社ディスカヴァー・トゥエンティワン
〒102-0093　東京都千代田区平河町2-16-1 平河町森タワー11F
TEL　03-3237-8321（代表）　03-3237-8345（営業）
FAX　03-3237-8323
https://d21.co.jp/
Publisher　谷口奈緒美
Editor　橋本莉奈
Store Sales Company
佐藤昌幸　古矢薫　蛯原昇　石橋陸　生貫朱音　佐藤淳基　津野主揮　鈴木雄大
山田諭志　藤井多穂子　松ノ下直輝　小山怜那　町田加奈子
Online Store Company
飯田智樹　庄司知世　杉田彰子　森谷真一　青木翔平　阿知波淳平　大﨑双葉
北野風生　舘瑞恵　徳間凜太郎　廣内悠理　三輪真也　八木眸　安室舜介　高原未来子
江頭慶　小穴史織　川西未恵　金野美穂　千葉潤子　松浦麻恵
Publishing Company
大山聡子　大竹朝子　藤田浩芳　三谷祐一　千葉正幸　中島俊平　伊東佑真
榎本明日香　大田原恵美　小石亜季　西川なつか　野﨑竜海　野中保奈美　野村美空
橋本莉奈　林秀樹　原典宏　村尾純司　元木優子　安永姫菜　古川菜津子　浅野目七重
厚見アレックス太郎　神日登美　小林亜由美　陳玟萱　波塚みなみ　林佳菜
Digital Solution Company
小野航平　馮東平　林秀規
Headquarters
川島理　小関勝則　田中亜紀　山中麻吏　井上竜之介　奥田千晶　小田木もも
福永友紀　俵敬子　三上和雄　石橋佐知子　伊藤香　伊藤由美　鈴木洋子　照島さくら
福田章平　藤井かおり　丸山香織

Proofreader　株式会社T&K
DTP　有限会社一企画
Printing　中央精版印刷株式会社

ISBN978-4-7993-3142-2
(SUMAHO JIDAINO TETSUGAKU by Yoshihiro Tanigawa)

携書ロゴ：長坂勇司
携書フォーマット：石間淳